Sous la direction de

Michel Galy

W0460660

La guerre au Mali

Comprendre la crise au Sahel et au Sahara : enjeux et zones d'ombre

Préface de Bertrand Badie

La Découverte
9 *bis*, rue Abel-Hovelacque
75013 Paris

Si vous désirez être tenu régulièrement informé de nos parutions, il vous suffit de vous abonner gratuitement à notre lettre d'information bimensuelle par courriel, à partir de notre site

www.editionsladecouverte.fr

où vous retrouverez l'ensemble de notre catalogue.

ISBN 978-2-7071-7685-1

En application des articles L. 122-10 à L. 122-12 du Code de la propriété intellectuelle, toute reproduction à usage collectif par photocopie, intégralement ou partiellement, du présent ouvrage est interdite sans autorisation du Centre français d'exploitation du droit de copie (CFC, 20, rue des Grands-Augustins, 75006 Paris). Toute autre forme de reproduction, intégrale ou partielle, est également interdite sans autorisation de l'éditeur.

© Éditions La Découverte, Paris, 2013.

GUERRE AU MALI, SITUATION RÉGIONALE AU DÉBUT 2013

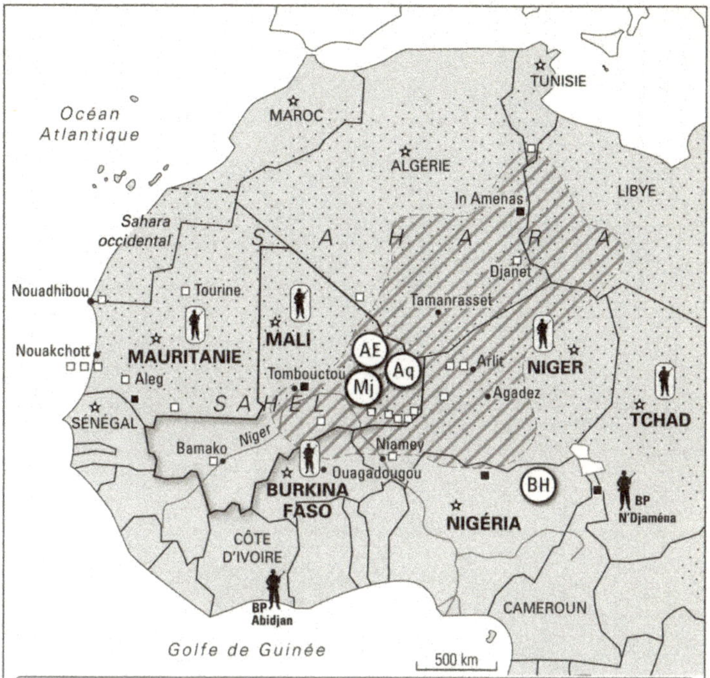

Bases présumées des principaux groupes islamistes

- (Aq) **AQMI** Al-Qaida au Maghreb islamique
- (Mj) **MUJAO** Mouvement pour l'unicité et le djihad en Afrique de l'Ouest
- (AE) **Ansar Eddine** Groupe salafiste touareg
- (BH) **Boko Haram** Groupe salafiste se revendiquant des talibans afghans
- Aire de peuplement touareg

Lieux d'enlèvements et d'attentats

- □ De 2007 à 2011 ■ En 2012 et début 2013
- Dispositif militaire français **BP** Base permanente
- Accord de coopération militaire
- ☆ Pays concernés par le programme américain Trans-Saharan Counter-Terrorism Initiative (TSCTI)
- Densité de population inférieure à un habitant par km²

Sources : Le Monde, *Bilan géostratégique 2011* ; Hérodote, *N°142, 2011* ; Courrier International, *janvier 2013*, Les Échos, *février 2013*.

Mali
15,4 millions d'habitants
IDH 175e rang, indice 0,366
Armée nationale : env. 10 000 soldats
Ressources* : hydrocarbures (réserves)
Ressortissants français : 6 000

Mauritanie
3,5 millions d'habitants
IDH 159e rang, indice 0,472
Armée nationale : 15 900 soldats
Ressources* : minerai de fer
Ressortissants français : 2 000

Niger
16,1 millions d'habitants
IDH 186e rang, indice 0,311
Armée nationale : 5 300 soldats
Ressources* : uranium
Ressortissants français : 1 500

Burkina Faso
17 millions d'habitants
IDH 181e rang, indice 0,323
Armée nationale : 11 200 soldats
Ressortissants français : 3 400

Nigeria
3,5 millions d'habitants
IDH 156e rang, indice 0,471
Armée nationale : 80 000 soldats
Ressources*: hydrocarbures
Ressortissants français : 6 000

Tchad
16,1 millions d'habitants
IDH 183 e rang, indice 0,320
Armée nationale : 5 300 soldats
Ressortissants français : 1 300

Chiffres 2011. * ressources principales d'intérêt stratégique majeur.

LE MALI : POPULATION ET RESSOURCES AU DÉBUT 2013

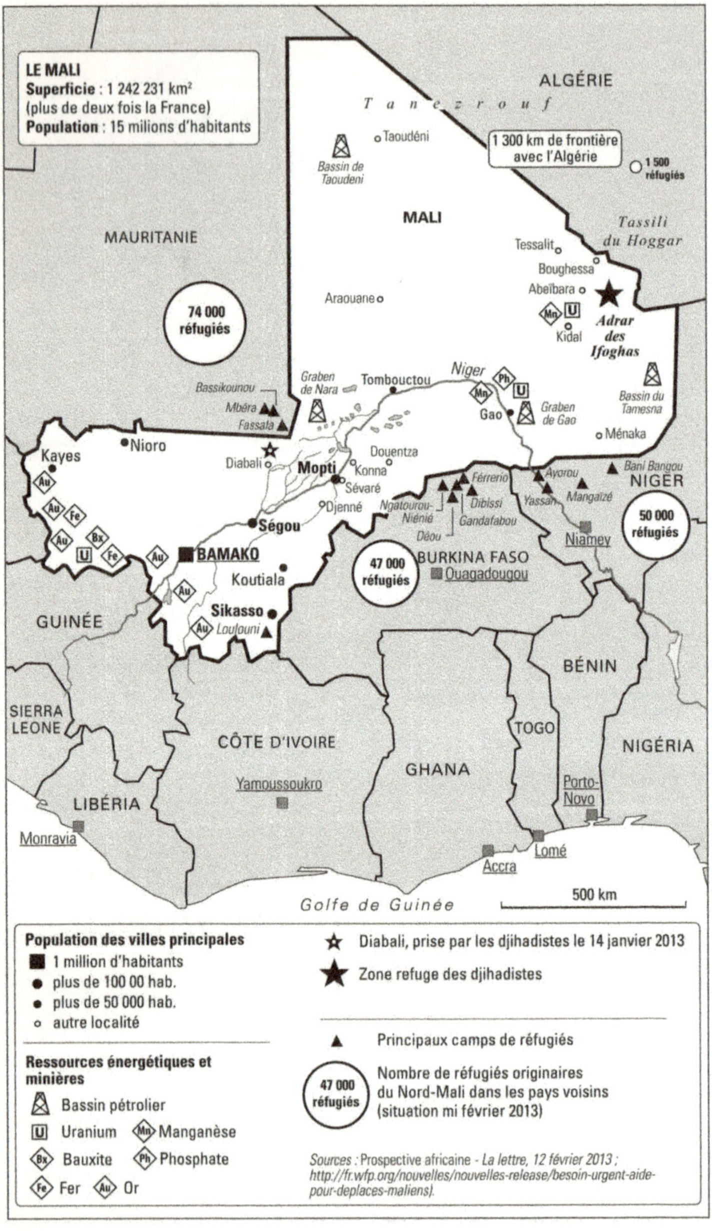

Préface

Bertrand Badie*

On parle couramment de crise malienne, mais celle qu'on évoque ainsi n'est que très partiellement nationale. Elle a la gravité qu'on lui connaît précisément parce qu'elle superpose les plans. Ignorer ses dimensions multiples revient à mal l'interpréter, à la simplifier, donc à l'aggraver. Comme lorsqu'on la sépare de son substrat social ou qu'on occulte le déficit politique qui l'amplifie. Dans ces conditions, l'intervention devient d'autant plus difficile à apprécier, même à concevoir : d'ailleurs, sait-on bien encore aujourd'hui ce que cette pratique recouvre, politiquement, militairement, juridiquement ? À l'heure des incertitudes afghanes, irakiennes, libyennes ou syriennes, au moment où la prudence des puissances en la matière devient presque un dogme, est-on encore sûr que la politique internationale du troisième millénaire puisse recycler l'œuvre de Louis Faidherbe, de Joseph Gallieni ou de Louis Archinard, tous trois appelés successivement à la conquête de l'Afrique à la fin du XIXe siècle, puis à l'administration et au maintien de l'ordre dans les nouvelles colonies ?

* Professeur des universités à l'Institut d'études politiques de Paris (Sciences Po).

Cette crise a au moins cinquante ans d'âge ; elle remonte déjà aux indépendances qui construisirent l'Afrique postcoloniale à l'image de l'Europe des États-nations. Premier seuil critique, l'État importé naît dans la fragilité : il ne repose que sur un faible contrat social, tout juste tissé des vertus d'une indépendance acquise. Les institutions méconnues et mal comprises ne tiennent que par le souffle de l'émancipation, animé par la personnalité de Modibo Keita, père de l'indépendance malienne et premier président de la nouvelle république.

À mesure que s'estompait la légitimité des nationalismes fondateurs, les échecs du politique se faisaient sentir : un État qui ne tenait que par un alliage de contraintes et de clientélismes ; une nation qui juxtaposait des identités non raccordées ; des structures d'autorité fragmentées ; un principe de territorialité en contradiction avec la culture nomade d'une population touarègue qui ne se reconnaissait pas dans l'État naissant. Non seulement le contrat social ne s'accomplissait pas, mais tous avaient intérêt à le différer : le pouvoir à Bamako, qui en redoutait la dynamique démocratique, les pouvoirs traditionnels qui craignaient la dépossession, les entrepreneurs identitaires qui risquaient de disparaître, la puissance tutélaire qui voyait dans la faiblesse politique de l'État naissant la meilleure chance de demeurer, ou même de revenir...

Mais cette crise nationale est déjà un peu une crise macrorégionale. À cheval sur plusieurs États sahéliens, la population touarègue transforme irrémédiablement la question malienne en question sahélienne. Elle dissout l'espace malien, tiré au cordeau selon des frontières impossibles, en un espace englobant plusieurs autres États, pour la plupart aussi faibles et prompts à mutualiser leurs précarités. Peu à peu, les solidarités écologiques, économiques, sociales ont pris le dessus et ont entraîné la question ethnique au-delà de ce qu'elle exprimait. Qu'on ne s'y trompe pas : la crise qui nous occupe est sahélienne, au sens large de son entendement géographique, des côtes mauritaniennes de l'Atlantique jusqu'à l'océan Indien.

Cette entité n'est pas seulement construite par la culture, mais s'impose comme « communauté d'insécurité », non pas seulement politique, mais tout simplement sociale et humaine. Se pencher sur la crise malienne, c'est avoir face à soi une immense pathologie sociale faite de pauvreté, d'insécurité alimentaire, sanitaire, environnementale et institutionnelle. Faite surtout de cinquante années de maldonne...

Ici, le plan régional rejoint le plan continental. Solidaire d'une histoire postcoloniale, l'Afrique ne dispose pas des instruments de régulation qu'implique toute crise d'ampleur régionale. Malgré un volontarisme certain et des percées institutionnelles saluées, l'Union africaine dispose, à l'instar de la plupart des États subsahariens, d'une très faible capacité responsive. Les armées n'ont pas l'aptitude opérationnelle que leur prête la résolution 2085 votée par le Conseil de sécurité de l'ONU le 20 décembre 2012. Pire encore, la faiblesse de chacun des États et la précarité des contrats sociaux créent un effort systémique qui amplifie mécaniquement chaque crise. Agir sur le Mali, c'est entrer dans le champ des problèmes nigériens, soudanais, libyens... Mais c'est aussi neutraliser toute capacité régulatrice sud-africaine ou algérienne. C'est même devoir admettre que les paramètres de la crise dont on s'empare sont inscrits dans une conception de l'Afrique bricolée par cinquante ans de tractations entre des régimes faibles, structurellement fragiles, et une « communauté internationale » qui a passé un demi-siècle non seulement à s'en accommoder mais à en tirer quelque profit... Notons déjà que l'opération Serval s'inscrit parfaitement dans ce cercle vicieux : en se substituant à des « États » déficients, l'armée française, comme à Abidjan, en 2011, comme au Tchad ou comme à Kolwezi plus tôt encore, installe un peu plus l'Afrique dans son impuissance au risque d'aggraver à terme les effets qui en découlent.

À cela s'ajoute une dimension mondiale : la « crise malienne » est aussi l'otage d'un « Printemps arabe » qui a largement débordé de ses frontières et dont les effets collatéraux se font particulièrement sentir dans le Sahel. C'est une évidence quand on prend en compte la révolution libyenne dont il n'est pas sûr que les acteurs, alliés hier de la France, n'en soient pas les adversaires – directs ou indirects – aujourd'hui. D'autres effets d'onde sont plus atténués, mais réels : la révolution tunisienne, la révolution syrienne, mais aussi la nature complexe de la diplomatie « islamiste », voire « salafiste » du Qatar ou de l'Arabie saoudite. Mais il y a plus, les crises libyenne et syrienne ont mis à mal, plus que jamais, la pertinence de l'intervention menée au nom de la « responsabilité de protéger ». On découvre empiriquement les ambiguïtés, les dangers ou les impasses d'un principe qui devait sauver le monde postbipolaire. Huit ans de néoconservatisme américain, de bourbiers afghan et irakien ont conduit l'opinion américaine et Barack Obama à s'en méfier, les Européens, Allemands en tête, à s'en détourner, et les Nations unies, sous l'impulsion des BRICS, à l'édulcorer. La « crise malienne » est aussi celle d'un monde en mouvement où chacun s'éloigne de la vieille illusion qu'il suffit que les « Grands » interviennent pour que les « Petits » retrouvent la paix. C'est un peu alors le pari des uns que la France peut seule tenir le flambeau des illusions d'un néoconservatisme adouci, et le pari des autres pensant qu'il y a tout à gagner à l'entraîner dans cette chevauchée solitaire…

Retenons en tout cas que les vertus systémiques d'une crise, si composite et multiple, nous éloignent d'une identité purement malienne, mais aussi d'un problème simple dont la solution tiendrait de l'évidence ou du choix solitaire d'un État aussi puissant soit-il. Mais une autre évidence s'impose : au centre de cette crise systémique, se distinguent des paramètres sociaux et politiques trop souvent ignorés.

Comme bien souvent avec la mondialisation, les pathologies sociales tendent à s'externaliser. La rudesse de la situation sociale au Sahel fait de celle-ci la cause essentielle des conflits qu'on y connaît. Laissée pour compte depuis des décennies, cette région réunit toutes les composantes de la souffrance sociale : insécurités alimentaire et sanitaire, sous-emploi, défaut d'infrastructures, poussée démographique projetant dans l'inconnu une population jeune et désœuvrée. À quoi s'ajoute le mépris opposé à des groupes jugés périphériques ou non intégrables par la caste politico-militaire en place dans une capitale lointaine. Frustrations et humiliations deviennent l'ordinaire des comportements sociaux que n'importe quel entrepreneur de violence n'aura aucun mal à gérer. Contrebande, narcotrafic, criminalités de toute sorte deviennent alors pourvoyeurs de ressources quand ils ne se convertissent pas en instruments de revanche. L'islam djihadiste devient un discours de réconfort et n'importe quelle bande armée peut recruter sans mal, sachant alors vêtir, nourrir et même valoriser ceux qui sont en manque : se constitue ainsi, sur un terreau social favorable, une véritable société guerrière, avec son économie, ses liens sociaux, ses engagements et ses identifications.

Traite-t-on des conflits de cette nature comme jadis on combattait l'État voisin qui nous faisait la guerre ? Pas sûr : le fort investissement des sociétés dans les formes usuelles de conflictualité implique presque mécaniquement un traitement social beaucoup plus que militaire. Sans disparaître, celui-ci ne peut être que ponctuel, limité, tactique ; il ne doit pas déborder de tels étiages, au risque de mettre en place un cercle vicieux catastrophique.

Tout le monde attend encore aujourd'hui un traitement social de la question sahélienne. Nul ne doute qu'à cette échelle il implique un effort politique majeur. Mais de politique, nul signe dans la région : celui-ci est comme interdit, présumé dangereux, coûteux et déstabilisant. On en voit bien pourtant les axes : réformes de l'État, de l'administration locale, mise en place d'un statut propre aux populations nomades, efforts d'équipement et de redistribution, et tout simplement, invention d'une citoyenneté. La « précarocratie », ou gestion à moindre coût des situations de fragilité et de pauvreté, a plus de vertus qu'on ne le croit : elle favorise les arrangements, la corruption, le népotisme, tout un ensemble de rafistolages qui feront le bonheur de quantité d'individus, tout en tuant le politique, qui font gagner sur le court terme en aggravant le moyen et le long termes, qui permettent de gouverner à bon compte et aussi de dominer de l'extérieur avec confort !

On peut parier que le politique, dans ces conditions, meurt deux fois : tué au quotidien par les petits arrangements de la « précarocratie », et tué une nouvelle fois par l'instrument militaire qui non seulement est à son opposé, mais prépare le terrain pour doper un peu plus les régimes locaux faiblement institutionnalisés et fortement militarisés... L'effort de réorientation est gigantesque : on comprendra, en fonction de ce qui a déjà été dit, qu'un traitement seulement national n'aurait que peu d'effets et qu'il commande un investissement infiniment plus large.

Face à quoi, l'intervention devient plus fragile. Elle est d'abord trompeuse : chasser les bandes armées ou les entrepreneurs de violence des villes en est le versant le plus simple. « Reprendre » Tombouctou ou Gao relève de la même temporalité que la prise de Kaboul par les Américano-Britanniques en novembre 2001, une trentaine de jours après le début des combats, ou celle de Bagdad dans à peu près le même intervalle de temps. Face à des sociétés guerrières, face à des bandes infiniment moins équipées et rompues à la mobilité, s'emparer des villes est un objectif qui se réalise très vite. Éteindre la violence est une autre affaire : ne pas l'encourager devient même difficile.

Trois aspects doivent alors être pris en compte. L'opération est menée, quelle que soit la manière dont on la présente, par une puissance extérieure à l'Afrique et, qui plus est, une ancienne puissance coloniale. Il est aisé de se souvenir qu'au temps de la colonisation, des « seigneurs de la guerre » menaient de véritables « guerres saintes », épousant les mêmes violences, et mêlant des discours religieux, nationalistes et anti-européens, parfois s'alliaient ponctuellement aux armées coloniales pour mieux combattre leurs rivaux, mais la plupart du temps se distinguaient en affrontant les troupes françaises : ces bandes ainsi formées trouvaient même leur raison d'être dans cet affrontement. Ainsi en était-il des entreprises du chef toucouleur El Hadj Omar (mort en 1864) qui conquit Ségou, du marabout toucouleur Ma Ba (mort en 1867), de son disciple Lat Dyor (mort en 1886) ou du Soninke Mamadou Lamine Drame (mort en 1887), doté précisément d'une armée de *talebe* (étudiants en religion) !... Rien de vraiment neuf en réalité dans ce que nous vivons aujourd'hui : une armée étrangère, aussi sincère puisse-t-elle être dans ses intentions, devient vite de surcroît une armée d'occupation.

Notons en outre que cette intervention souffre des échecs essuyés par le multilatéralisme en matière de sécurité. Malgré les dénégations, elle n'est pas clairement couverte par un mandat du Conseil de sécurité : la résolution 2085 ouvre la voie à une intervention interafricaine dont elle charge la Mission internationale de soutien au Mali (MISMA), spécialement créée à cet effet. Ni la France évidemment ni le Tchad, principal acteur dans les combats menés au Nord-Mali, n'en font partie. Les réactions du Secrétaire général de l'ONU, Ban Ki Moon, sont réservées et celles des puissances occidentales sympathiques pour la France tout en démontrant une certaine prudence, signe diplomatique évident d'une défiance croissante face à ce genre d'action, comme face à toute forme de réincarnation d'un néoconservatisme qui a échoué.

L'essentiel se joue aussi sur le plan bilatéral, avec les mêmes incertitudes : l'appel à la France était signé d'un président intérimaire, porteur d'une faible légitimité, otage de putschistes jamais réellement rentrés dans leurs casernes et qui, semble-t-il, l'avaient auparavant agressé puis laissé se faire soigner dans un hôpital parisien. Ce retour du bilatéralisme fait renaître les anciens cercles vicieux et confond à nouveau soutien et tutelle, risquant de rendre plus difficiles et plus équivoques la sortie du conflit et la reconstruction de demain.

Reste la vraie question : que peut faire l'instrument militaire ? Arrêter le déferlement de bandes armées qui pouvaient caresser l'espoir de prendre Bamako ? Certes, mais alors une posture défensive et la fermeture des routes du sud auraient pu suffire… Libérer les populations otages à Tombouctou et Gao ? Certes, mais pour préparer quel avenir ? La tâche devait revenir à la MISMA : en la confiant à l'armée française, que peut-on viser ? « Reconquérir », « détruire » des bandes armées, comme il le fut annoncé ? En pointant des « terroristes criminels », le gouvernement français a clairement renoué avec la tradition de la « guerre contre le terrorisme », avec toute la charge d'ambiguïté que Barack Obama avait soulignée lorsqu'il notait qu'on « ne peut pas faire la guerre à une pratique ».

En réalité, deux aspects du conflit engagé viennent ici faire l'objet de réflexion. Sur le plan des acteurs, il est scabreux de parier uniquement sur la criminalité des protagonistes : Ansar Eddine a une véritable identité sociale touarègue ; Al-Qaida au Maghreb islamique (AQMI) et le Mouvement pour l'unicité et le djihad en Afrique de l'Ouest (MUJAO) emploient et mobilisent une part non négligeable de la population locale. Comme tout entrepreneur de violence, le succès de leur action est aussi lié aux attaches qu'ils ont avec la société locale, en termes de recrutement, de partenariat et d'identification.

Sur le plan du système mis en place, il reste à établir l'efficacité et la pertinence de l'usage de l'instrument militaire. Après tant d'échecs essuyés sur le moyen et le long termes dans ce genre d'opération, il est plus que jamais douteux qu'une « victoire militaire » soit possible et surtout de nature à déboucher sur un résultat politique conséquent. Dans un conflit de cette nature, on peut se demander si le succès des armées est traduisible en victoire politique, tout comme il est utile de s'interroger sur ce que succès militaire veut dire. Celui-ci n'est appréciable qu'en termes d'objectifs choisis. Les entrepreneurs de violence ont pour principal but d'entretenir une société guerrière qui leur offre leur seule chance de survie et de prospérité : leur opposer les armes conduit davantage à s'installer dans leur prétention qu'à les faire éliminer, voire les « détruire ». Ceci d'autant plus qu'ils ont pour eux la mobilité, une écologie qu'ils maîtrisent et un espace de manœuvre qui transcende, et de beaucoup, les frontières d'État. Ils disposent aussi d'une temporalité qui peut épouser celle, particulièrement longue, des pathologies sociales dont ils profitent : ils n'obéissent pas à la même unité de temps que les gouvernements démocratiques, obligés d'obtenir des résultats rapides et de se plier au rythme des consultations électorales.

En l'espèce, l'instrument militaire porte une triple contrainte. Dans des conflits asymétriques, il nourrit les sociétés guerrières, là où l'urgence est de priver, au contraire, les entrepreneurs de violence de leur clientèle : peut-être est-il plus judicieux d'agir sur la demande plus que sur l'offre. Dans les sociétés dépendantes, il aggrave les tutelles, à l'image d'un redoutable cercle vicieux. Dans les États faibles, il aggrave le prétorianisme et rend d'autant plus difficile la constitution d'un contrat social.

À séparer les problèmes, on crée l'illusion de solutions faciles. Ce livre entend analyser la crise malienne en en montrant la redoutable complexité. Au-delà de la rhétorique politique.

Introduction

Guerre au Mali, une intervention bien française

Michel Galy*

Si l'intervention française au Mali a bien commencé le 11 janvier 2013, la guerre des djihadistes et des indépendantistes touaregs a, quant à elle, débuté un an plus tôt, en janvier 2012. Ce conflit déborde les frontières maliennes de tous côtés, puisque, d'une part, les Touaregs, impliqués dans le conflit, constituent un peuple sans État partagé entre cinq pays et parce que, d'autre part, les groupes djihadistes combattants, souvent manipulés par des puissances extérieures au Mali, s'inscrivent soit dans un combat mondial pour le califat, comme dans le cas d'AQMI, « franchise » d'Al-Qaida au Maghreb, soit dans la perspective d'une islamisation radicale du Mali, tout en passant de nombreuses alliances extérieures, comme l'illustre le groupe Ansar Eddine.

Le Mali n'est pas isolé, ni de l'Afrique du Nord ni de l'Afrique subsaharienne. Appartenant à la Communauté économique des États de l'Afrique de l'Ouest (CEDEAO), en rapport historique d'alliances et d'oppositions mouvantes avec les pays limitrophes, l'État malien entretient depuis son indépendance,

* Politologue, professeur de géopolitique à l'École internationale et des relations internationales (ILERI) et chercheur au Centre d'études sur les conflits.

obtenue en 1960, des relations complexes avec l'ancien colonisateur français. Et tous les observateurs ont bien remarqué que le conflit malien est, à sa source, une conséquence très prévisible de l'intervention française en Libye.

Bertrand Badie analyse bien, dans sa préface, en quoi un conflit que l'on pourrait croire ponctuel, limité dans l'espace et dans le temps, est en fait global. C'est dans le même esprit qu'ont été rédigées les différentes contributions qui composent cet ouvrage. Spécialistes de la région, mais adoptant des points de vue et des approches complémentaires, les chercheurs, journalistes et acteurs associatifs qui ont participé à ce travail s'attachent à éclairer, à court comme à long terme, les différents enjeux régionaux qu'il faut avoir en tête pour comprendre cette « crise malienne » qui est aussi une crise sahélo-saharienne : l'évolution du « grand jeu » des puissances internationales, le rôle des États de la région, la « question touarègue », les enjeux humanitaires, etc.

Il suffit du reste de replacer le conflit dans la « triple intervention » récente de la France en Afrique (Libye, Côte d'Ivoire, Mali) ou, mieux encore, dans la filiation des quarante-huit interventions militaires françaises au sud du Sahara depuis les supposées « indépendances », pour comprendre qu'au-delà de l'affairisme, des coups tordus et de l'aide aux dictateurs de la « Françafrique », la guerre au Mali s'inscrit dans un système de gouvernance continu et continental, voire dans un processus de recolonisation qui n'ose pas dire son nom.

Début du XXIe siècle : de droite ou de gauche, les gouvernements français maintiennent des bases militaires en Afrique et envoient des corps expéditionnaires au sud du Sahara – souvent en contradiction avec le droit international. Cet archaïsme néocolonial est parfois mieux analysé dans la presse étrangère qu'à Paris, où trop d'observateurs confortent la violence et la guerre.

C'est que la classe politique, les journalistes « embarqués » et les « intellectuels » va-t-en-guerre partagent souvent le présupposé d'une sorte de « doctrine Monroe » à la française :

l'Afrique subsaharienne francophone serait le continent de prédilection de l'« influence française », ce qui imposerait de se montrer particulièrement sourcilleux devant l'arrivée de nouveaux concurrents, comme la Chine, notamment quand les matières premières sont visées (uranium, pétrole, etc.). Si les intérêts économiques directs de la France ne sont pas évidents au Mali, au moins à court terme, une grande partie des élites considère que l'influence française est menacée dès lors qu'un pays francophone est en danger. Et si c'était l'échec même du « modèle » entretenu depuis les « indépendances » depuis 1960 qui provoquait, par une paupérisation généralisée, par un recours au religieux, par le refus de l'État dominé, une situation quasi révolutionnaire ?

Mali : « question touarègue », islamisation de la société et délitement de l'État

Le géographe Yves Lacoste a bien relevé que la plupart des frontières lointainement issues de la conférence de Berlin, en 1885, traversent non seulement des peuples désormais désunis mais établissent une hiérarchie interne des « ethnies » au sein même des États. Si les Touaregs, à l'instar par exemple des Kurdes, sont bien un de ces peuples sans État en quête d'un foyer national, leur marginalisation depuis les indépendances tient autant à leur position périphérique qu'à leur identité culturelle.

En même temps, ces spécificités touarègues sont gérées bien différemment et, pour tout dire, à l'opposé de la situation malienne par le Niger proche, cet « État frère » du Mali. Au lieu d'accueillir les colonnes touarègues venues, avec armes et bagages, du champ de bataille libyen et de les laisser développer leur autonomie au nord, comme l'a fait l'ancien président malien Amadou Toumani Touré (surnommé « ATT »), le président du Niger, Mahamadou Issoufou, a récupéré leurs armes et cherché à les intégrer dans l'armée et dans l'État.

Pour autant, contrairement à ce qu'indique une vision trop idyllique de cette situation nigérienne, les sympathies pan-touarègues l'emportent en cas de crise sur l'appartenance nationale : un massacre ou un sort malheureux fait aux Touaregs maliens serait actuellement accueilli au Niger comme un *casus belli* dans les lignages ou les villages – qui reprendraient certainement les armes pour défendre leurs frères.

On touche là un mécanisme fondamental d'extension des conflits africains, par l'instrumentalisation des identités et des frontières étatiques, de sorte qu'à partir d'un foyer initial – ici le nord du Mali, rebaptisé « Azawad » par les militants touaregs du MNLA (Mouvement national de libération de l'Azawad) –, la « guerre nomade » peut s'étendre de proche en proche, de façon incontrôlable, dans toute une région. Ce modèle conflictuel est ici plus complexe qu'ailleurs : non seulement les Touaregs, comme l'analyse dans ce livre Hélène Claudot-Hawad, sont bien un peuple nomade en fusions, divisions, au sein duquel s'observent de perpétuels changements d'alliance, mais cette segmentarité incessante s'applique aussi à leurs anciens alliés, devenus leurs rivaux : les groupes djihadistes combattants.

L'irruption de ces nouveaux acteurs politico-religieux date des années 2000 : si AQMI, Ansar Eddine, le MUJAO et les autres groupes ont été largement instrumentalisés par des puissances extérieures au Mali (comme l'explique ici François Gèze pour les « services » algériens), si, pour s'implanter et se développer, ils ont largement eu recours aux trafics d'armes, de drogue, de cigarettes et d'otages (comme le détaille Grégory Giraud), leur expansion est aussi à replacer dans le vaste mouvement de « réislamisation » du Mali.

Les spécialistes du fait religieux au Mali montrent bien un double mouvement de radicalisation d'un « islam noir » de rite malékite ou de référence confrérique au profit d'un wahhabisme (ou salafisme) aujourd'hui directement appuyé par le Qatar et l'Arabie saoudite (construction de mosquées, formation d'imams, activités sociales) – un mouvement aux racines au demeurant plus anciennes [1]. Plutôt que de réduire les mouvements djihadistes à des « fous de Dieu » ou à des « terroristes » isolés, il est donc utile de comprendre que l'islam wahhabite peut comporter 20 % d'adeptes dans la capitale, mais aussi, de manière plus sporadique, dans les villages de la région de Gao. D'un point de vue religieux, les radicaux ont bel et bien des sympathisants et une base sociale qui, fût-elle minoritaire, n'en est pas moins solide.

Ce « retour du religieux » s'explique en partie par le délitement, décrit notamment par le constitutionnaliste Albert Bourgi, des institutions et des structures étatiques maliennes [2]. Depuis longtemps, dans les langues locales, notamment en bambara, le pouvoir charismatique avait comme attribut la force (*fanga*), tandis que ce leadership personnalisé se retrouvait redistributeur forcé, de par sa clientèle et ses réseaux. Les institutions d'État, déconstruites par deux décennies d'ajustement structurel, par la paupérisation de l'ensemble du corps social, par la gabegie et la corruption, culminèrent dans l'« ATT-cratie », terme resté fameux pour désigner la mal-gouvernance du président renversé le 22 mars 2012.

Si la France n'avait pas d'accord de défense avec le Mali – et s'est sentie juridiquement très fragile dans son intervention de janvier 2013 –, elle a eu la lourde responsabilité d'avoir cautionné, devant la scène internationale et les instances régionales, une longue série d'élections truquées, laissant se reproduire un système parfaitement corrompu – alors que le débat se transportait dans la sphère religieuse, notamment entre les modérés de l'islam malékite de Chérif Haïdara, et la tendance salafiste de Mahmoud Dicko, président du Haut conseil islamique du Mali (HCIM).

---

1 Voir Jean-Loup Amselle, « Le wahhabisme à Bamako (1945-1985) », *Revue canadienne des études africaines*, vol. 19, n° 2, 1985, p. 345-357.

2 Voir Albert Bourgi, « Le délitement de l'État en Afrique : l'exemple du Mali », conférence à l'université Montesquieu-Bordeaux-IV, 7 mars 2013 ; et, dans ce livre, les chapitres de Jean-Louis Sagot-Duvauroux, p. 91, et d'Eros Sana, p. 106.

L'intervention française et la guerre intermalienne

L'opération Serval du 11 janvier 2013 succède donc à un an de conquêtes, par les groupes djihadistes, du Nord-Mali, mais aussi de la quasi-disparition, au sud, de cet ancien ordre à bout de souffle. En même temps que le changement de régime du 22 mars, ce qu'il reste de l'armée malienne prend le pouvoir, tout en se retirant bientôt « sous la pression internationale » : que veut donc dire ce putsch atypique des militaires maliens ? La situation de décomposition de l'État n'a-t-elle pas aussi forgé une alternative ?

Pour le comprendre, il faut remonter à janvier 2012 : le président ATT est incapable de faire face aux attaques d'abord touarègues, ensuite djihadistes, qui occupent successivement le nord du Mali. L'armée malienne, réduite à quelque 10 000 hommes peu opérationnels, se trouve en pleine décomposition devant les victoires des insurgés du MNLA et des groupes islamistes. Armes et blindés sont récupérés par ces derniers, tandis que des recrues nordistes ou des officiers touaregs rejoignent la rébellion.

La progression de cette dernière, qui finira par contrôler le nord du pays (notamment les villes de Gao, Tombouctou et Kidal), les victimes militaires, le manque de préparation et la carence en matériel militaire conduisent les militaires du rang à renverser, le 22 mars 2012, le régime d'Amadou Toumani Touré, puis à faire appel au capitaine Amadou Haya Sanogo pour les représenter. Bien accueilli, à ses débuts, par la population malienne, le coup d'État est notamment appuyé par la Coordination des organisations patriotiques du Mali (Copam) et par diverses associations qui peuvent mobiliser dans la rue jusqu'à un quart de la population de la capitale.

Début avril 2012, le MNLA proclame l'indépendance de l'Azawad, tandis que les islamistes appliquent une version radicale de la charia dans les zones qu'ils contrôlent, imposant une vision rigoriste de l'islam et détruisant une partie du patrimoine culturel de la région (notamment des mausolées à Tombouctou). L'ancien président de l'Assemblée nationale, Dioncounda Traoré, prend la suite du président démissionnaire et exilé, après une médiation de la CEDEAO. N'ayant pas organisé des élections dans les quarante jours, comme le prévoit la Constitution, Dioncounda Traoré passe, aux yeux de nombreux Maliens, pour l'« homme de l'étranger ». Sans président élu ni Assemblée, en proie à une rébellion victorieuse au nord, le pays connaît une situation insurrectionnelle et quasi révolutionnaire au sud, interrompue par l'intervention militaire française, début janvier 2013, et une mise sous tutelle internationale qui n'ose pas dire son nom.

Les autorités politiques françaises ont multiplié les erreurs à l'égard de la situation malienne. Avant 2012, en cautionnant – comme ailleurs en Afrique subsaharienne – la dictature, les élections truquées et la corruption généralisée. À partir du début de la crise, en misant sur le MNLA et les Touaregs pour « liquider AQMI » et libérer les otages français, sans prévoir qu'après une éphémère alliance entre les Touaregs et les djihadistes, ces derniers allaient chasser les premiers. À partir du coup d'État de mars 2012, en cherchant à instrumentaliser la CEDEAO, l'Union africaine et le Conseil de sécurité de l'ONU pour appuyer un « président par intérim » sans légitimité. Fin 2012, en essayant de « récupérer » le MNLA et Ansar Eddine pour les mobiliser contre les « irrécupérables » supposés d'AQMI et du MUJAO – sans imaginer que les groupes islamistes supposés rivaux pourraient s'allier en une dizaine de jours et obliger le gouvernement français à lancer une intervention militaire plus ou moins improvisée, en bricolant des justifications juridiques boiteuses. Au second trimestre 2013, en misant sur des élections hâtives et même intenables en juillet, tout en s'alliant avec le MNLA au nord, plus impopulaire que les islamistes à Bamako.

Plus grave : la reprise par un gouvernement socialiste de la rhétorique de la « guerre au terrorisme » initiée par George W. Bush après le 11 Septembre (mais rejetée par Barack Obama qui déclarait avec pertinence qu'on ne fait pas la guerre à un mode opératoire) sonne comme une capitulation idéologique et témoigne d'une incapacité à prendre en considération la base sociale des mouvements militaro-religieux et, par conséquent, à envisager des alternatives possibles à l'action armée [3].

Quels scénarios de « sortie de crise » ?

La progressive mise sous tutelle de l'État malien est lourde de dangers : des élections sous occupation – française, africaine, onusienne – peuvent-elles être crédibles ? La tentation d'un « contre-coup d'État » au sud – après avoir « détruit » les islamistes, selon l'expression de François Hollande – est récurrente : il s'agirait d'éliminer la capacité de nuisance du capitaine Sanogo et de mettre au pas la gauche critique malienne – incarnée notamment par Oumar Mariko, secrétaire général du SADI (Solidarité africaine pour la démocratie et l'indépendance).

Dès lors, quels pourraient être les scénarios de « sortie de crise » ? La première option, fort peu crédible, épouse la version officielle française : après des élections en juillet, un président malien légitime signerait de vrais accords de défense permettant à une force française de 1 000 combattants de rester au Mali sur le moyen terme, pour appuyer un corps expéditionnaire onusien de quelque 12 000 hommes, tandis que l'armée malienne se reconstituerait, que les djihadistes seraient éliminés et que le MNLA serait désarmé.

À l'inverse, un « scénario catastrophe » consisterait en un enracinement islamiste et une extension de la nouvelle « guerre nomade » aux pays limitrophes, à commencer par le Niger, ce qui mettrait en danger l'approvisionnement français en uranium. Une telle évolution pourrait inciter le MNLA,

---

3 Voir dans ce livre le chapitre de Mohammad-Mahmoud Ould Mohamedou, p. 58.

s'appuyant sur les Touaregs des autres États, à reprendre l'initiative en faveur d'un foyer national par-delà les frontières. Le risque majeur serait une focalisation des djihadistes contre les contingents ou les ressortissants français.

Le scénario le plus probable est cependant qu'un « état de guerre » indécis s'installe sur la longue durée dans la zone (ce qui ne serait pas sans avoir des conséquences humanitaires plus graves encore que celles de la crise de 2012-2013 [4]). Une autonomie relative des Touaregs est-elle encore possible ? Plus grave, la « réislamisation » progressive de la société malienne commence à avoir, au-delà des groupes djihadistes, sa traduction politique : une mise en cause de la laïcité de l'État, qui depuis l'échec de la réforme du Code de la famille en 2009, s'est vu imposer un « ministère aux Affaires religieuses » en 2012, sous influence du courant salafiste de Mahmoud Dicko, président du Haut conseil islamique.

Des altermondialistes, comme la sociologue Aminata Traoré, cherchent pourtant à imaginer un « autre Mali » : en débutant par une Conférence nationale se calquant sur des formes de mobilisation populaire qui ont déjà été appliquées dans les quartiers déshérités de Bamako, présageant un régime politique et un développement qui ne seraient plus occidentalo-centrés. Quel destin pour le Mali ? L'utopie ou la mort, le printemps des peuples ou l'hiver islamiste ? La guerre au Mali permet, aussi de reposer l'extension possible, mais nullement certaine, des révolutions arabes à l'Afrique subsaharienne.

---

4 Voir dans ce livre le chapitre de Benoît Miribel, p. 169.

1

Cinquante ans de tensions dans la zone sahélo-saharienne

Grégory Giraud*

Quels sont les objectifs réels des groupes armés ou dits « terroristes » présents en 2013 au Nord-Mali ? *Quid* des rivalités locales entre ces groupes ou entre réseaux de contrebande et de trafics divers ? De quelle manière les pays voisins sont-ils impliqués dans la crise malienne ? Pourquoi la France est-elle en première ligne ? Quels autres pays sont partie prenante de cette situation et pourquoi ? Pour apporter des réponses à ces questions et comprendre les enjeux complexes de cette crise, il est essentiel de connaître les caractéristiques et les ressources de ce Mali sahélo-saharien et de bien analyser les jeux complexes des différents acteurs en présence, tant locaux et régionaux qu'internationaux, depuis quarante ans.

Le basculement provoqué au Nord-Mali par les sécheresses des années 1970 et 1980

La très vaste région sahélo-saharienne est partagée entre de nombreux États : principalement ceux d'Afrique

* Géographe.

du Nord (Mauritanie, Maroc, Algérie, Tunisie, Libye) et du flanc sud du Sahara (Mali, Niger, Tchad, Soudan) ; et, secondairement, ceux de la plus proche Afrique subsaharienne (Sénégal, Burkina Faso). Au Mali, la zone sahélo-saharienne regroupe le nord du pays jusqu'au « bec de cygne » avec le Burkina Faso, ainsi que la bordure sud de la frontière avec la Mauritanie.

Le Sahara est le plus grand désert du monde (8 millions de km^2). Au sud, s'étend sur une bande de 300 à 500 km de large le Sahel (de l'arabe *sahil*, rivage). La limite entre ces deux espaces est marquée par la pluviométrie : là où il pleut moins de 100 mm, on est au Sahara, là où il pleut plus, on est au Sahel. Les Sahariens sont tout autant les habitants des oasis et des villes de cet espace que les pasteurs nomadisant dans le désert jusque dans le Sahel, tandis que les habitants de cette zone, bénéficiant d'une pluviométrie qui permet une agriculture sans irrigation, constituent des populations sédentaires, nomades et semi-nomades.

Le Sahara, dont l'histoire est liée au commerce caravanier, constitue une véritable interface entre Afrique maghrébine et Afrique sahélienne. Cet espace aride est habité par des peuples majoritairement de tradition nomade. Touaregs berbérophones, Maures arabophones ou Peuls, éleveurs ou commerçants, cohabitent avec des agriculteurs et pêcheurs sédentaires Songhays et Bozos. Jusqu'au XIXe siècle, ces populations, toutes musulmanes, avaient su de longue date construire ensemble de subtiles régulations combinant leurs activités pour tirer parti des maigres ressources du vaste territoire saharo-sahélien, qui leur permettaient également de faire face aux épisodes plus secs fréquents dans un contexte d'aridité « normale ». Or ces complémentarités ont été mises à mal par la colonisation française, qui a instrumentalisé certaines communautés contre les autres et, plus encore, par l'établissement des frontières des États nés des pseudo-indépendances des anciennes colonies françaises subsahariennes en 1960 (ainsi, en 1963, les Touaregs du nouveau « Nord-Mali » se sont rebellés pour contester l'imposition par l'Algérie devenue indépendante d'une frontière qui les divisait et la répression des militaires du sud fut féroce : exécutions sommaires, viols, destruction de bétail, etc.).

De ce fait, quand le Sahara-Sahel a connu des sécheresses dévastatrices entre 1972 et 1974 et en 1984-1985, celles-ci ont attisé les tensions pour l'accès à des ressources naturelles raréfiées – des tensions aux racines anciennes dans un Nord-Mali largement délaissé par les élites du sud après l'indépendance. Dans ce contexte, les éleveurs ruinés par les sécheresses des années 1970 et 1980 n'ont eu d'autre choix que d'aller chercher ailleurs leurs moyens de survie. D'où un exode rural massif vers les villes du Sahara et du Sahel, pour y trouver quelques ressources grâce aux expédients de l'économie informelle. Et de nombreux Touaregs « maliens » ont rejoint les leurs installés dans les pays voisins du nord, Algérie et Libye, nettement plus riches que leurs homologues sahéliens grâce au boom des hydrocarbures offrant de multiples possibilités d'emploi. Ces « émigrés » ont cherché à accumuler du capital pour reconstituer le cheptel familial. Mais, à leur retour, les terres, les pâturages et les points d'eau avaient été pris par d'autres, d'où de nouveaux conflits pour l'accès à ces ressources. À la même époque, en Libye, Mouammar Kadhafi a recruté des Touaregs dans son armée ou dans sa Légion islamique (créée en 1972), afin de les envoyer combattre pour ses ambitions géopolitiques au Liban, au Tchad ou en Ouganda, tout en leur promettant ensuite de les aider à conquérir leur propre territoire.

Alors que le Nord-Mali était déjà marginalisé économiquement et politiquement, les terribles sécheresses ont créé aussi un vivier de main-d'œuvre pour toutes les activités, licites ou illicites. Ces tensions se sont aiguisées quand, à partir de la fin des années 1990, les trafics divers (contrebande, migrants, armes, drogues…) ont acquis une ampleur inédite dans cet espace, tandis que les puissances régionales commençaient à s'intéresser à son potentiel énergétique et minier.

Les flux économiques transsahariens et les ressources naturelles du Nord-Mali

Au Nord-Mali, le commerce avec les voisins sahéliens ou l'Afrique du Nord demeure alors un héritage vivace, même s'il a été altéré par l'imposition des nouvelles frontières nées de la décolonisation. Mais le contrôle des flux de marchandises engendre des rivalités qui s'aggravent avec la mainmise des autorités locales, lesquelles choisissent ceux qui peuvent commercer et interdisent à d'autres de le faire, et avec l'accroissement des valeurs transportées. Ainsi, à côté d'un important commerce de contrebande de produits courants ou des migrations illégales, circulent des « produits » beaucoup plus lucratifs (cigarettes, armes, drogues). Certains pays, notamment l'Algérie, ont installé gendarmes et douaniers aux points de passage stratégiques, difficilement évitables. Comme ceux-ci sont misérablement payés et ne disposent que de très peu de moyens en vivres, carburants et armements, ils sont d'autant plus vigilants que les « arrangements » avec ceux qui traversent les frontières leur sont indispensables.

Ainsi, quelques grands commerçants et beaucoup de petits passeurs transportent traditionnellement de nombreuses marchandises en contrebande ou en soudoyant les douaniers. Ils font avec l'Algérie et la Libye le commerce de ce qui a plus de valeur chez le voisin : bétail, mil, sel et tissus maliens contre dattes, denrées alimentaires subventionnées (pâtes, semoule, farine de blé, huiles...), médicaments, matériaux de construction, matériels électroniques, véhicules. Ils profitent également des taux de change entre les différentes monnaies. C'est de ces commerces que dépend largement, depuis les années 1980, l'approvisionnement des villes et des populations du Nord-Mali. De même, le carburant provient presque exclusivement d'Algérie, où il est très bon marché ou bien détourné par des militaires qui le revendent... Quant au trafic de cigarettes, il a pris de l'ampleur dans les années 1980 jusqu'à atteindre dans les années 2000 des montants impressionnants, jusqu'à 1 milliard de dollars pour la seule zone frontalière Mauritanie-Algérie-Mali [1]. Cela nécessite des réseaux larges et des moyens de transport importants, ainsi que des complicités à tous les niveaux des appareils d'État.

Sur ces routes commerciales, circulent également des hommes à la recherche de nouvelles ressources, le transit étant assuré par des bandes locales qui ne gèrent que leur « tronçon » de la route migratoire. Dans les années 2000, Gao est ainsi redevenue la plaque tournante vers l'Algérie et la Libye qu'elle avait traditionnellement été, bien autrement, avant la colonisation française. Ces routes ont été également empruntées par des migrants venant de toute l'Afrique. Seulement un cinquième d'entre eux essaie de passer vers l'Europe, car la plupart préfèrent travailler dans le BTP, les industries pétrolière et gazière ou l'agriculture des deux grands voisins maghrébins. Ces migrants y constituent une main-d'œuvre bon marché ainsi qu'une rente pour les forces de l'ordre. Et pour les États maghrébins concernés par ces flux, leur contrôle leur permet d'obtenir une rente de la part des États européens, ceux-ci les ayant transformés en garde-frontières en échange de financements sécuritaires et de programmes de développement.

Dans ce Sahel-Sahara en crise, les tribus commerçantes maures et touarègues liées aux autorités étatiques locales gèrent par ailleurs de longue date le commerce des armes. L'offre vient de conflits qui s'éteignent (Libéria, nord du Tchad), de groupes politiques devenus plus ou moins mafieux (indépendantistes du Sahara occidental), de soutiens troubles d'États à des groupes armés (Algérie, Libye, Mauritanie), de pays qui s'effondrent (Libye), des arsenaux de militaires

---

1 Entretien avec Mike Mc Govern, responsable à Dakar du bureau de l'International Crisis Group, émission « Afrique Midi », <www.rfi.fr>, 19 juin 2005 (cité *in* OBSERVATOIRE MAURITANIEN DES DROITS DE L'HOMME, « Impasse politique et réflexes sécuritaires en Mauritanie. Comment fabriquer du terrorisme utile », juillet 2005).

corrompus, etc. La demande émane de nouveaux conflits (Côte d'Ivoire, Libye) ou d'autres qui perdurent (Soudan), de groupes armés indépendantistes (Touaregs nigériens et maliens) ou « terroristes » (AQMI, MUJAO, Ansar Eddine, Boko Haram) [2]...

Et enfin, depuis le début des années 2000, le trafic de drogue a pris dans la région une ampleur considérable. Les cartels latino-américains, cherchant à contourner la surveillance dont ils faisaient l'objet pour leur trafic direct de cocaïne et de morphine vers l'Europe, ont ouvert de nouvelles routes maritimes et aériennes passant par l'Afrique de l'Ouest. Le Nord-Mali est ainsi devenu un carrefour : entre 22 et 55 tonnes de cocaïne y auraient transité en 2009, soit de 1,3 à 5,4 milliards d'euros au détail en Europe [3]. À la cocaïne sud-américaine, il faudrait, selon certains spécialistes, ajouter un tiers de la production marocaine de cannabis qui s'exporte désormais par le sud où elle suit les mêmes routes : la drogue arrive en Gambie, en Guinée-Bissau, en Guinée ou en Mauritanie ; et, de là, elle part vers l'Algérie ou le Nord-Mali, où elle est redirigée vers la Libye ou le Maroc, pour arriver en Espagne, en Italie ou dans les Balkans. Du Mali, les stupéfiants sont aussi convoyés vers le Niger pour repartir vers la Libye ou le Tchad, puis le Soudan et l'Égypte, à destination du Proche-Orient [4].

S'agissant des ressources énergétiques et minières, les potentialités du Nord-Mali restent encore incertaines. Depuis 2004, le gouvernement malien a lancé une politique active d'exploration des ressources en hydrocarbures de son territoire, principalement dans le nord, et une dizaine de multinationales ont acquis des droits d'exploration. Mais cela relève plus de la partie de poker que de la ruée vers l'or noir. Seuls deux opérateurs majeurs travaillent dans la région, la

---

2 Wolfram LACHER, « Organized crime and conflict in the Sahel-Sahara region », *The Carnegie Papers*, septembre 2012.

3 OFFICE DES NATIONS UNIES CONTRE LA DROGUE ET LE CRIME, « The Transatlantic cocaine market », *Research Paper*, avril 2011.

4 Anne FRINTZ, « Trafic de cocaïne, une pièce négligée du puzzle sahélien », *Le Monde diplomatique*, février 2013.

Sonatrach algérienne et l'italienne ENI. Les autres ne sont que de petites entreprises (principalement états-uniennes, canadiennes et australiennes) n'ayant pas les capacités techniques ou financières pour aller au bout de l'exploration – elles misent sur des analyses sismiques prometteuses et espèrent ainsi trouver des partenaires financiers conséquents ou revendre leurs parts. Mais ENI et Sonatrach, qui ont opéré conjointement sur plusieurs « blocs » d'exploration, en ont abandonné un certain nombre, avant que les Italiens ne se retirent en décembre 2012, à cause du climat d'insécurité. Sonatrach ne cesse également de repousser l'opération la plus coûteuse, le forage, qui seule permettra d'évaluer les potentialités réelles de ses blocs. Sans doute attend-elle les résultats des prospections effectuées sur le même bassin de Taoudeni, qu'elle réalise de l'autre côté de la frontière en Algérie, ou bien celles de Total, *a priori* décevantes, en Mauritanie.

Un autre enjeu énergétique émergent est celui de l'énergie solaire. Le projet allemand Desertec, coalisant des intérêts européens, vise ainsi à édifier des centrales thermiques solaires à travers tout le Sahara pour fournir à terme un tiers de l'électricité européenne. Mais ni la technologie ni les moyens ne sont actuellement prêts pour une telle mise en œuvre, même si des discussions, principalement avec le Maroc, se poursuivent depuis 2009.

L'uranium est présent au Sahara, comme l'attestent les gisements nigériens exploités par la firme française Areva, qui vont faire de ce pays le second producteur mondial. Il y a aussi des gisements au Mali, dans la région de Kidal qu'explore depuis 2006 une société australienne, tout comme dans le bassin du fleuve Niger, en amont de Gao ; mais, début 2013, les prospections ne semblaient pas permettre d'évaluer l'importance réelle de ces gisements. Par ailleurs, de l'or, la principale ressource du Mali avec le coton, est présent à la limite du nord du pays, dans la région sahélienne de Ségou ; il y en aurait aussi dans l'Adagh (dit « Adrar des Ifoghas » depuis la période coloniale). Enfin, une multinationale investit depuis 2011 pour exploiter du phosphate à l'est de Bourem et une autre devait commencer en 2012 l'exploitation d'une mine de manganèse à Ansongo, au sud de Gao. Mais ce ne sont que de « petites » entreprises opérant sur des gisements mineurs, dont les opérations ont été arrêtées par la guerre.

Le jeu complexe des États régionaux dans la zone sahélo-saharienne

Les facteurs économiques ont certes joué depuis longtemps un rôle important dans la géopolitique régionale, avec notamment l'exploitation, depuis 1958, de l'uranium nigérien par une filiale du Commissariat à l'énergie atomique (CEA) français (qui deviendra Areva) ou les accords d'Évian qui préservaient en 1962 les intérêts pétroliers français dans le Sahara algérien [5]. Mais ils n'expliquent pas à eux seuls l'étonnante transformation de la zone sahélo-saharienne, depuis les années 1990, en un nouveau foyer de déstabilisation de l'ordre mondial mobilisant les États de la région puis les puissances occidentales, jusqu'à l'intervention militaire française de janvier 2013.

Ainsi, les rivalités stratégiques et politiques entre les trois puissances régionales que sont l'Algérie, la Libye et le Maroc ont-elles joué un rôle essentiel. Depuis son indépendance, l'Algérie a des visées sur le Sahara, qu'elle considère comme son arrière-cour, se heurtant durablement aux ambitions marocaines et libyennes. Depuis la brève « guerre des sables » de 1963 entre le royaume chérifien et son voisin nouvellement indépendant, la tension algéro-marocaine est restée constante : après le retrait de l'Espagne en 1975 de sa colonie du Sahara espagnol, l'Algérie appuie jusqu'à aujourd'hui le Front Polisario, qui combat pour l'indépendance d'une République sahraouie.

---

5 Voir Hocine MALTI, *Histoire secrète du pétrole algérien*, La Découverte, Paris, 2010.

À l'est de l'Algérie, la Libye affiche aussi des prétentions territoriales appuyées sur l'aire d'extension de la confrérie Senoussiya à partir de la seconde moitié du XIXe siècle. En 1973, elle a ainsi occupé la bande d'Aouzou au nord du Tchad et à l'extrême-nord nigérien. Plus au nord, la frontière algéro-libyenne n'est toujours pas délimitée officiellement, bien que des négociations aient été engagées début 2013. Les géants sahariens ont également noué des alliances rivales qui opposent, d'un côté, la Libye et le Maroc et, de l'autre, l'Algérie, la Mauritanie et la Tunisie. Les rivalités libyennes et algériennes se prolongent aussi au-delà de leurs frontières, les deux États soutenant des mouvements et des personnalités rebelles touaregs au Mali et au Niger. Un des enjeux de ces rivalités est le contrôle des différents trafics illicites dans la région : chaque appareil d'État a des connexions, voire des liens très étroits, avec leurs différents acteurs. Les ressources en matières premières, avérées et potentielles, aiguisent également les appétits des différents États.

L'Algérie, devenue l'acteur le plus puissant dans la région après la chute de Kadhafi, est au centre de ces tensions, du fait notamment de l'importance de son territoire au cœur de l'espace sahélo-saharien. Ainsi, de la corruption des fonctionnaires locaux jusqu'aux plus hautes sphères du pouvoir, l'appareil d'État algérien est omniprésent dans tous les trafics, qu'il s'agisse de contrebande « classique » (bétail, produits agricoles, alimentaires, manufacturés...), de cigarettes ou de drogue [6]. En outre, en échange de son soutien au Polisario, le pouvoir algérien a la haute main sur celui-ci et est donc étroitement lié aux trafics des indépendantistes sahraouis (détournement de l'aide humanitaire, contrebande, armes, migrants, drogue). En effet, le Front Polisario est implanté à Tindouf, ville située au carrefour de l'Algérie et du Sahara occidental, mais aussi de la Mauritanie, du Maroc et du Mali. Ce mouvement composé de Maures a pu ainsi tisser des alliances tribales avec les Maures

---

6 Judith SCHEELE, « Tribus, États et fraudes : la région frontalière algéro-malienne », *Études rurales*, n° 184, juillet-décembre 2009.

vivant dans ces quatre territoires, ainsi qu'au Niger, cette population ayant le quasi-monopole des trafics dans la sous-région.

La Mauritanie est d'ailleurs peuplée majoritairement de Maures *haratin*, anciens esclaves, et *beydan* (« blancs »), arabo-berbères. Le pouvoir y est détenu depuis l'indépendance exclusivement par des *Beydan* et, depuis 1980, sauf en 2007 et 2008, uniquement par des membres de tribus du nord du pays ayant des relations commerciales avec celles vivant dans les pays voisins. Dans ce pays, la corruption et des complicités au plus au haut sommet de l'État permettent aux trafics de se développer (voitures volées, armes, migrants et drogue [7]).

Premier producteur et exportateur mondial de haschich, le Maroc est de son côté principalement concerné par les drogues et les migrants. La production et le trafic de stupéfiants bénéficient là aussi de complaisances et de complicités dans les hautes sphères du pouvoir et de l'armée [8]. En Libye, c'est parmi les membres de la tribu de Kadhafi titulaires de hauts postes qu'il fallait chercher l'implication de l'État dans les trafics de tous types [9]. Kadhafi avait en outre inondé le Sahel d'argent, investissant dans la construction de mosquées, d'écoles ou de centres de santé, dans l'agriculture ou l'hôtellerie...

L'État malien a été quant à lui unanimement décrit comme gangrené par les trafics à tous les échelons. Le Niger est aussi un nœud commercial : des produits agricoles locaux et des pays voisins du Sud, transitent par le Sahara nigérien à destination de l'Algérie et de la Libye, tout comme les migrants. Au retour, commerçants et migrants ramènent des produits manufacturés, alimentaires et agricoles. Par ailleurs, des

---

7 Sur le trafic de drogues en Mauritanie, voir Alain ANTIL, « Contrôler les trafics ou perdre le Nord. Notes sur les trafics en Mauritanie », *Note de l'IFRI*, juillet 2009 ; et le blog de Christophe CHAMPIN, journaliste de RFI, <http://afriquedrogue.blogs.rfi.fr>.

8 Ali LMRABET, « L'enquête interdite », *Demain Magazine*, <www.courrierinternational.com>, 14 décembre 2000.

9 Olivier PLIEZ, *Les Cités du désert. Des villes sahariennes aux Saharatowns*, IRD/PUM, Marseille/Toulouse, 2011.

commerçants nigériens ont importé en toute légalité des conteneurs de cigarettes *via* le Bénin notamment, qui étaient ensuite réexportés clandestinement avec la complicité de l'appareil de sécurité [10]. Le Niger est également un carrefour pour le commerce de la drogue : cannabis marocain et cocaïne latino-américaine en provenance de l'ouest y transitent, ainsi que les drogues en provenance du Nigéria, du Ghana et du Togo. Les réexpéditions se font à destination du nord (Algérie et Libye) et de l'est en direction du Proche-Orient *via* le Tchad [11]. Le Burkina Faso est aussi dans la tourmente des trafics dans lesquels est impliqué l'entourage proche du président Blaise Compaoré [12].

Les matières premières du Sahara et du Sahel sont sans doute, on l'a vu, un enjeu moindre dans la géopolitique régionale, sauf bien sûr pour les hydrocarbures, pour lesquels l'Algérie est là encore en première ligne – on sait le rôle qu'ils jouent dans la corruption endémique du régime algérien. C'est le seul pays de la région à investir significativement dans ce secteur hors de ses frontières : la Sipex, filiale internationale de Sonatrach, a des permis de prospection en Mauritanie, au Mali et au Niger, en plus des exploitations et des explorations qu'elle mène dans son propre Sahara [13]. Au Mali, les Algériens ont même réussi à imposer au pouvoir malien le redécoupage de la carte des blocs afin d'obtenir une zone d'exploration qui borde sa propre frontière. Comme la Sonatrach prospecte également en Mauritanie et en Algérie dans le bassin de Taoudeni qui s'étend également au nord-ouest du Mali, elle est certaine d'être dans les meilleures dispositions en cas de résultats positifs.

---

10 Emmanuel Grégoire, « Sahara nigérien : terre d'échanges », *Autrepart*, n° 6, 1998.

11 Simon Julien, « Le Sahel comme espace de transit des stupéfiants », *Hérodote*, n° 142, juillet-septembre 2011.

12 Voir l'intervention de Laurent Bigot, responsable « Afrique de l'Ouest » au ministère des Affaires étrangères français lors d'une conférence à l'Institut français des relations internationales, <www.youtube.com>, 17 juillet 2012.

13 Benjamin Auger, « Les nouveaux enjeux pétroliers de la zone saharienne », *Hérodote*, n° 142, juillet-septembre 2011.

Années 1990 : l'implication de l'Algérie et de la Libye au Nord-Mali

Cette toile de fond économico-mafieuse permet de mieux comprendre les ressorts de l'implication des agents des différents États de la sous-région au Nord-Mali, où chacun s'efforce de longue date d'instrumentaliser les acteurs locaux à son profit (politique autant que financier). Ainsi, toutes les rébellions touarègues depuis 1990 ont fait l'objet d'infiltrations et de manipulations des services secrets algériens et libyens (mais aussi français), tout comme certaines milices et groupes islamistes armés.

Certes, en 1963, la première révolte touarègue de l'Afrique indépendante avait été écrasée par le Mali avec l'appui de son allié algérien. Mais, lorsqu'éclate en juin 1990 la rébellion du Mouvement populaire pour la libération de l'Azawad (MPLA), les agents des divers services secrets s'activent autour de lui. Les rebelles ont presque tous combattu pour Kadhafi, qui les arme. Le grand rival algérien joue quant à lui un jeu ambigu : alors qu'il a réprimé dans les années 1980 les Touaregs qui s'organisaient avec le soutien libyen, le Front Polisario les soutient en 1990 [14] – et les services algériens impliqués dans les trafics laissent les rebelles s'approvisionner auprès de trafiquants. En outre, l'Algérie et la Libye servent de refuges pour soigner les blessés et se reposer. En 1990 également, un nouveau mouvement armé maure se crée : le Front islamique armé de l'Azawad (FIAA), soutenu par la Mauritanie et par le Front islamiste du salut (FIS) algérien, lui-même créé en septembre 1989 [15]. Or l'instance de direction de ce parti est largement infiltrée par la police politique algérienne, la Sécurité militaire (devenue DRS en

---

14 Kalifa KEITA et Dan HENK, « Conflict and conflict resolution in the Sahel : the Tuareg insurgency in Mali », Strategic Studies Institute, U.S. Army War College, 1er mai 1998.

15 Robin-Edward POULTON et Ibrahim AG YOUSSOUF, « La paix de Tombouctou : gestion démocratique, développement et construction africaine de la paix », Institut des Nations unies pour la recherche sur le désarmement, 1999.

septembre 1990) [16]. Le FIAA, qui est donc le fruit d'une initiative algéro-mauritanienne pour avoir un moyen d'action au Nord-Mali, installe lui aussi sa base dans le Sud algérien.

L'Algérie est alors surtout active dans les négociations de paix qui se tiennent à Tamanrasset : en exerçant une forte pression sur les rebelles, elle les contraint à accepter les compromis, ce qui suppose qu'elle avait à sa disposition des moyens de pression. Pendant ces négociations, les hommes du DRS découvrent Iyad Ag Ghali, le jeune et ambitieux leader du MPLA, et choisissent de miser sur lui. Il négocie seul avec le gouvernement malien avant de mettre ses camarades devant le fait accompli. C'est ce qui explique, avec la poursuite des exactions de l'armée malienne, que le MPLA éclate alors en plusieurs factions. Finalement, ne restent seuls signataires des accords de Tamanrasset, conclus le 6 janvier 1991 avec l'armée malienne, que le FIAA, appuyé par l'Algérie, et le reste du MPLA regroupé autour d'Ag Ghali en un Mouvement pour l'Azawad (MPA). Des combats opposent ensuite ces deux groupes armés aux autres, dont l'Armée révolutionnaire de libération de l'Azawad (ARLA) installée au Burkina Faso – la situation dégénérera en affrontements intercommunautaires, entre le FIAA et les groupes touaregs, entre l'armée malienne et les populations maures et touarègues, entre groupes armés touaregs et maures et milices Ganda Koy (« maîtres de la terre », en songhay) composées de militaires peuls et songhays et appuyées par l'État malien.

Le conflit finit par s'éteindre suite aux médiations internationales, algériennes notamment, qui aboutissent en janvier 1995 à un « pacte national » entre le gouvernement malien et les « mouvements et fronts unifiés de l'Azawad ». Celui-ci accorde des pouvoirs accrus aux collectivités locales du nord, des fonds pour investir dans le développement de la région et l'incorporation de 12 000 combattants rebelles et miliciens dans l'armée nationale et dans l'administration, ainsi que des postes

---

16 Lounis Aggoun et Jean-Baptiste Rivoire, *Françalgérie, crimes et mensonges d'États*, La Découverte, Paris, 2004.

aux notables tribaux. Malgré des échecs dans l'incorporation et surtout des promesses non tenues et des détournements concernant l'argent devant servir au nord, un équilibre précaire se maintiendra jusqu'au milieu des années 2000. Chaque groupe conserve des hommes en armes, dont certains sont incorporés dans l'armée, et gère son territoire, non sans quelques conflits. À Bamako, le régime d'Amadou Toumani Touré (ATT), jouant sur les rivalités pour le pouvoir et le contrôle des ressources issues de la contrebande, maintient ainsi une paix de façade alors que les tensions ne font que croître [17].

Années 2000 : l'explosion du trafic de drogue et l'irruption du terrorisme salafiste « made in DRS »

En effet, la géopolitique régionale est alors bousculée par l'explosion du trafic de drogue et l'irruption au Sahara du terrorisme du Groupe salafiste pour la prédication et le combat (GSPC) venu du nord de l'Algérie, futur Al-Qaida au Maghreb islamique (AQMI).

Au Nord-Mali, pour acheminer la cocaïne des cartels latino-américains depuis les côtes africaines jusqu'en Europe et au Moyen-Orient, les divers groupes armés issus du conflit de 1990-1995 vont mobiliser leurs ressources : hommes aguerris et armés, liens avec Bamako et les pouvoirs régionaux, réseaux tribaux et commerciaux transfrontaliers, maîtrise du désert. Le contrôle de leurs territoires devient alors un enjeu déterminant, d'où embuscades, vols de cargaison et enlèvements qui déstabilisent gravement la région. Le pouvoir de Bamako s'entremet dans les conflits, protège tel ou tel trafiquant, perçoit sa part du trafic, appuie tel ou tel groupe armé.

---

17 Voir dans ce livre le chapitre de Jean-Louis Sagot-Duvauroux, p. 91.

En attestent notamment de nombreux câbles diplomatiques de l'ambassade états-unienne à Bamako, révélés en 2010 par Wikileaks, qui fournissent des exemples précis sur le rôle actif dans ce trafic de multiples acteurs locaux : Maures de la tribu berabiche de la région de Tombouctou, qui s'appuient sur de riches commerçants et les miliciens du colonel Ould Bou, ancien rebelle du FIAA protégé par le chef des services de renseignement malien ; Maures lamhars de la région de Gao, qui gèrent la drogue transitant vers le Niger, avec l'appui des hommes armés commandés par le colonel Ould Meydou ; ou les Touaregs imghads du colonel Ag Gamou, qui contrôlent le trafic dans la région de Kidal, frontalière de l'Algérie.

Début 2003, apparaît un nouvel acteur, le GSPC, avec une opération spectaculaire : l'enlèvement de trente-deux touristes européens dans le Sahara algérien par le groupe d'Abderrezak El-Para, un ancien parachutiste de l'armée algérienne. Il s'agit, comme cela sera avéré quelques années plus tard, d'une initiative du DRS algérien, devenu expert dans la manipulation des groupes armés islamistes [18]. Avec cette opération, le pouvoir réel à Alger – celui des généraux du DRS –, après s'être imposé comme parrain régional lors des négociations de paix dans les rébellions maliennes, se met à nouveau en position d'acteur incontournable dans la région. Cette fois dans le cadre de la Global War on Terror (GWOT, guerre globale contre le terrorisme) que l'administration Bush a lancée après les attentats aux États-Unis du 11 septembre 2001, Alger peut ainsi se présenter comme toujours menacé par le terrorisme islamiste et prétendre devenir un *strategic partner* des États-Unis dans la lutte antiterroriste régionale [19]. Et, dans cette affaire, on retrouve Iyad Ag Ghali, le leader de la rébellion touarègue de 1990, comme intermédiaire dans les négociations pour la libération des otages, moyennant une rançon de 4,5 millions de dollars.

---

18 Voir dans ce livre le chapitre de François Gèze, p. 148.

19 Jeremy Keenan, *Dark Sahara. America's War on Terror in Africa*, Pluto Press, Londres, 2009.

Mais quand c'est la Mauritanie qui est frappée, le 4 juin 2005, lors d'une attaque meurtrière du GSPC contre la caserne de Lemgheity dans l'extrême nord du pays, peut-on seulement incriminer l'Algérie ? Certes, le GSPC a revendiqué l'attaque, mais celle-ci est en réalité une initiative du dictateur mauritanien Maaouiya Ould Taya – avec la complicité du DRS algérien et moyennant une alliance financière et logistique avec le chef régional du GSPC, Mokhtar Belmokhtar – pour justifier sa chasse aux islamistes et légitimer la place de la Mauritanie dans le dispositif militaire états-unien de guerre contre le terrorisme au Sahara [20].

Pour mettre en œuvre leur stratégie hégémonique au Sahara et enrôler d'autres acteurs dans la GWOT, les généraux algériens vont alors continuer à déstabiliser leurs voisins du sud. Pour cela, ils n'hésitent pas à encourager l'éclatement d'une nouvelle rébellion au Nord-Mali. Cela leur permet également de faire pièce au rival libyen qui ouvre un consulat, rapidement fermé, à Kidal. Iyad Ag Ghali est recyclé pour capturer la direction d'un nouveau mouvement, l'Alliance démocratique pour le changement (ADC), que l'Algérie va massivement soutenir [21]. En mai 2006, l'ADC ne mènera que trois attaques contre les bases militaires de Kidal, Ménaka et Tessalit avant de se replier dans le massif du Tigharghar jusqu'à la conclusion, deux mois plus tard, d'un nouvel accord à Alger, toujours sous parrainage algérien. L'anthropologue britannique Jeremy Keenan, spécialiste des Touaregs, affirme que le fait que la rébellion n'ait effectivement duré qu'une journée était le fruit d'un accord entre Ag Ghali et le DRS [22] : selon ce *deal*, Ag Ghali devait attaquer le GSPC pour lui permettre de noyauter la

---

20 Observatoire mauritanien des droits de l'homme, « Impasse politique et réflexes sécuritaires en Mauritanie », *loc. cit.*

21 Câble diplomatique de l'ambassade états-unienne à Bamako, <https://wikileaks.org>, 31 octobre 2006.

22 Jeremy Keenan, « A new crisis in the Sahel. Algeria forces cross into Mali as the possibility of another Tuareg rebellion looms over the region », <www.aljazeera.com>, 3 janvier 2012.

rébellion touarègue – afin d'éviter qu'elle ne s'étende – et de faire émerger à nouveau la question des terroristes sahariens, qui n'avaient plus mené d'action depuis trois ans. Il fallait de nouvelles justifications pour la GWOT au Sahel et démontrer l'engagement des Touaregs dans celle-ci. L'ADC mènera ainsi deux attaques contre le GSPC en juillet et en octobre 2006. C'est d'ailleurs à l'automne qu'est programmé le changement de nom du GSPC en Al-Qaida au Maghreb islamique (AQMI), qui sera effectif en janvier 2007.

En novembre 2007, le président ATT décide d'éloigner Ag Ghali au consulat malien de Djeddah en Arabie saoudite, où il va se radicaliser en trouvant dans les réseaux salafistes violents saoudiens une inspiration conforme à ses ambitions et tissant des relations avec des réseaux qui pourront le financer le moment venu. Le pouvoir saoudien l'expulse de ce fait en mai 2010.

2008-2011 : le Nord-Mali, épicentre régional des trafics et des manipulations du « terrorisme islamiste »

Pendant ce temps, au Nord-Mali, les désaccords au sein de la rébellion touarègue vis-à-vis de la médiation algérienne divisent l'ADC. Ces dissensions aboutissent en juillet 2007 à la création d'un nouveau mouvement, dirigé par Ibrahim Ag Bahanga. Appelé Alliance touarègue du Nord-Mali pour le changement (ATNMC), ce mouvement est en lien avec la rébellion touarègue nigérienne qui éclate au même moment ; les deux mouvements sont soutenus par la Libye. Alors que les rebelles mènent plusieurs attaques contre des militaires, le pouvoir de Bamako développe une stratégie contre-insurrectionnelle en appuyant des milices chargées de les combattre. On assiste ainsi à la résurrection de la milice peule/songhay des Ganda Iso, dont les membres arrêtés sont rapidement relâchés. De même, les colonels touaregs Ag Gamou, Ould Bou et Ould Meydou bénéficient du soutien de Bamako pour constituer des milices qui participent aux côtés de l'armée malienne à la lutte contre les rebelles. En février 2009, Ag Bahanga est vaincu et se réfugie en Libye. D'autres groupes touaregs armés, plus ou moins liés à la rébellion, désarment lors de grandes cérémonies parrainées par la Libye, ce qui n'est pas le cas des milices progouvernementales.

Début 2008, le GSPC devenu AQMI recommence ses prises d'otages occidentaux avec l'enlèvement de deux touristes autrichiens en Tunisie. Ce kidnapping illustre à nouveau les liens étroits du GSPC avec le DRS algérien [23]. Les Autrichiens seront libérés en échange d'une rançon de 2 millions d'euros et ce flot d'argent va alors susciter des vocations. Ainsi, en décembre 2008 et en janvier 2009, deux diplomates canadiens puis quatre touristes européens sont enlevés au Niger. Sont impliqués des Touaregs et des Maures maliens proches d'AQMI et les colonels maliens et chefs de milices progouvernementales, Ould Meydou et Ould Bou, mais aussi le ministre nigérien de l'Intérieur.

À la même époque, les trafiquants de drogue et les milices locales s'agitent pour la conquête du pouvoir et des rentes afférentes, comme l'illustre notamment la rocambolesque affaire dite « Air Cocaïne » : en novembre 2009, un Bœing en provenance d'Amérique latine atterrit non loin de Tarkint, au nord de Gao ; après avoir livré une dizaine de tonnes de cocaïne, il est brûlé dans le désert. L'enquête malienne n'a abouti qu'à l'arrestation de personnes impliquées dans l'organisation logistique, alors que nombre d'éléments pointaient vers des notables tribaux, les milices et le sommet de l'État malien.

AQMI est aussi de plus en plus présent au Nord-Mali à partir de 2009. Ainsi, le 10 juin 2009, des éléments de ce groupe assassinent à Tombouctou le colonel Ould Bou, chef d'une

---

23 Voir Jeremy Keenan, « The Sahara emirate : Al-Qaeda in the West, for the West ? », *Social Justice*, vol. 37, n° 2-3, 2010-2011.

milice maure berabiche. Plusieurs pistes sont évoquées : règlement de comptes suite à une trop grosse ponction sur une rançon ou à un différend concernant des armes ou de la drogue. Une autre hypothèse implique le DRS algérien : Ould Bou, colonel des services de renseignement maliens, était en contact étroit avec AQMI et semblait opérer comme agent double. Il aurait découvert que le DRS était étroitement lié au groupe islamiste et l'aurait, selon Keenan, clamé dans la presse locale : « Au cœur d'AQMI, il y a le DRS. » Une des brigades d'AQMI, Al-Fourquane, aurait alors été chargée de l'éliminer [24]... Pour se venger, les Maures berabiches organisent une expédition punitive mobilisant leurs miliciens et l'armée. Mais la *katiba* (brigade) incriminée leur infligera un revers sévère : un colonel malien, également cousin d'Ould Bou, ainsi qu'une trentaine d'hommes sont tués.

En Mauritanie, la violence terroriste culmine en août 2009 avec un attentat-suicide organisé par AQMI contre l'ambassade de France. Celui-ci s'inscrit dans les suites du coup d'État organisé en août 2008 par le général Ould Abdel Aziz, chef de la Garde présidentielle. Ce dernier avait été chargé par le président mauritanien élu en 2007 de conduire la lutte contre le terrorisme. Le pays va pourtant connaître une suite d'attentats à partir de décembre 2007, quand les relations entre le président et les militaires se sont gravement tendues : assassinat de quatre touristes français, attaque de deux garnisons provoquant une quinzaine de morts et assassinat d'un États-unien. On peut légitimement se poser la question de l'instrumentalisation de ce terrorisme par Aziz [25], qui en a pris prétexte pour monter une campagne contre le président, l'accusant de faiblesse contre AQMI et obtenant ainsi le soutien des

---

24 Jeremy Keenan, « "Secret hand" in French Sahel raid », <www.aljazeera.com>, 29 août 2010.

25 Issa Bâ, « Mauritanie, le jeu dangereux du terrorisme », *Billets d'Afrique et d'ailleurs*, juillet-août 2008 ; « Mauritanie, comment réussir un putsch avec l'aide de la France », *Billets d'Afrique et d'ailleurs*, novembre 2009.

Occidentaux pour mener son putsch. La France apparaît ainsi comme son principal soutien, en avalisant sa prise de pouvoir par des élections contestées, en juillet 2009. Au Niger aussi, Paris favorise le renversement en février 2010 du président Mamadou Tandja, qui se rapprochait des Chinois et était engagé dans un bras de fer avec Areva, multinationale publique française du nucléaire, autour de l'exploitation de l'uranium [26].

Les généraux d'Alger n'apprécient guère ce retour des Français dans ce que les uns et les autres considèrent comme leur aire d'influence. D'où, très probablement, les attaques militaires d'AQMI contre la Mauritanie qui se multiplient alors à la frontière mauritano-malienne, tandis que l'organisation « made in DRS » va enchaîner les enlèvements de ressortissants français : Pierre Camatte en novembre 2009, Michel Germaneau en avril 2010, sept salariés d'Areva en septembre 2010, Antoine de Léocour et Vincent Delory en janvier 2011, Philippe Verdon et Serge Lazarevic en novembre 2011. Mais d'autres Européens sont également ciblés : trois humanitaires espagnols en novembre 2009, deux Italiens en décembre 2009, une autre Italienne en février 2011. Ce « business » est rentable : en octobre 2012, David Cohen, sous-secrétaire d'État états-unien au Trésor pour la lutte contre le terrorisme et pour le renseignement financier, a affirmé qu'au moins 120 millions de dollars auraient été versés en huit années au GSPC-AQMI par des pays occidentaux, à la fois comme rançons, mais aussi extorqués aux entreprises européennes présentes dans la région [27].

En septembre et novembre 2010 et en juin 2011, pour contrer les complicités dont bénéficierait AQMI au plus haut sommet de l'État malien [28], les militaires mauritaniens, appuyés par la France, effectuent plusieurs opérations dans le

---

26 Raphaël Granvaud, *Que fait Areva en Afrique ?*, Agone, Marseille, 2012.

27 Robert Tilford, « Terrorists rake in $120 million in ransom payments over 8 years, says Cohen », <www.examiner.com>, 7 octobre 2012.

28 International Crisis Group, « Mali : éviter l'escalade », *Rapport Afrique de Crisis Group*, n° 189, 18 juillet 2012.

Nord-Mali, sans en informer Bamako. Les journalistes « sécuritaires » algériens aux ordres du DRS se déchaînent alors, accusant la Mauritanie d'être le « valet de la France », tandis que le ministre de la Santé mauritanien accuse les médias algériens d'être les porte-parole d'AQMI. De son côté, le président ATT dénonce AQMI comme un mouvement soutenu par l'Algérie... De fait, dans cette confusion apparente, le DRS parraine toujours AQMI et utilise Ag Ghali et celui qui est souvent présenté comme son cousin Abdelkrim le Targui, chef de la *katiba* d'AQMI Ansar Essuna. Depuis son retour au Nord-Mali en mai 2010, Ag Ghali s'est beaucoup rapproché d'AQMI et de son cousin – lequel sera d'ailleurs mis en cause dans l'enlèvement de Michel Germaneau en 2010 (puis son assassinat) et celui, en 2011, de Verdon et Lazarevic.

Janvier 2012 : l'offensive contrariée des indépendantistes du MNLA

L'année 2011 est aussi marquée au Sahara par la guerre civile en Libye. Confronté à l'offensive de l'OTAN déclenchée en mars 2011, Kadhafi voit rapidement la situation lui échapper. Les Touaregs maliens ayant combattu pour son régime commencent à organiser leur retour au Nord-Mali, y envoyant des caravanes d'hommes et d'armements. Le leader rebelle Ibrahim Ag Bahanga mobilise ces combattants « libyens » pour les fédérer avec ses hommes encore présents au Nord-Mali, ainsi qu'avec le mouvement des jeunes Touaregs du Mouvement national de l'Azawad (MNA, créé en novembre 2010). Pour ces derniers, c'est le moment de lancer une nouvelle rébellion : le contexte international leur semble favorable à une partition du Mali, sur le modèle des indépendances de l'Érythrée et du Sud-Soudan qui ont brisé le tabou de l'intangibilité des frontières en Afrique. De plus, depuis septembre 2011, les Touaregs considèrent avec inquiétude le déploiement militaire malien en cours dans le nord.

De multiples discussions ont alors lieu entre groupes touaregs et représentants du gouvernement malien [29]. Mais leur impasse conduit en octobre 2011 à la création du MNLA (Mouvement national de libération de l'Azawad), dirigé par Bilal Ag Achérif. Celui-ci fédère les « Libyens » de Mohamed Ag Najim, le MNA et les hommes d'Ag Bahanga, malgré le décès de ce dernier dans un étrange accident fin août 2011, puis attire des Touaregs déserteurs de l'armée malienne. Le MNLA paraît bénéficier du soutien de la Mauritanie : son bureau politique est établi à Nouakchott. Iyad Ag Ghali, leader des précédentes rébellions et étroitement lié à l'Algérie, aspire sans succès à la direction du nouveau mouvement, comme ce sera le cas également quand il revendiquera quelque temps plus tard la chefferie traditionnelle des Ifoghas [30]. Le 15 décembre, il crée son propre mouvement, Ansar Eddine, autour d'un noyau de fidèles, des jeunes attirés par son aura de rebelle historique, mais aussi des membres d'AQMI.

Le pouvoir malien, se sentant menacé, relance sa stratégie paramilitaire. Début janvier 2012, il arme et finance les milices imghads d'Ag Gamou et lamhars d'Ould Meydou après un accord avec ce dernier qui aboutit à la libération du trafiquant de drogue Ould Awainatt de sa tribu. Les milices Ganda Koy bénéficient aussi d'armes et de financements maliens début décembre 2011. Parallèlement, l'armée algérienne renforce la présence de ses soldats dans le Nord-Mali, notamment sur la base militaire de Tessalit, en violation de la Constitution qui interdit aux militaires algériens toute présence à l'extérieur du territoire national.

Le 17 janvier 2012, les rebelles assiègent la ville de Ménaka. Le MNLA et Ansar Eddine, en alliance avec AQMI, s'imposent dans ce nouveau contexte en attaquant la ville d'Aguelhok où, après de durs combats, des soldats maliens sont sommairement exécutés [31]. L'offensive se poursuit, fin janvier,

---

29 *Ibid.*
30 *Ibid.*
31 *Ibid.*

avec le siège de la ville stratégique de Tessalit, dont la chute, début mars, marque le tournant de la guerre. La bataille de Tessalit implique de nombreux acteurs : face au MNLA, l'US Air Force ravitaille la base assiégée et les Algériens envoient des renforts ; et c'est finalement l'intervention d'Ansar Eddine qui fait basculer la situation. À la suite de la chute de Kidal, de Gao et de Tombouctou, fin mars, les militaires du sud fuient vers Bamako, Ag Gamou se replie au Niger voisin, Ould Meydou en Mauritanie et les milices Ganda Koy à Sévaré et au Niger. Là, en avril, Ag Gamou fonde un nouveau mouvement, fidèle à Bamako, le Mouvement républicain de restauration de l'Azawad (le MRRA), coalisant ses hommes et des combattants Ganda Iso. Le MNLA peut alors proclamer l'indépendance de l'Azawad, le 6 avril 2012.

Mais son triomphe sera éphémère : dès la fin juin, il sera totalement évincé des grandes villes du Nord-Mali, passant du statut de maître de l'Azawad à celui de groupe marginalisé au sein de son propre territoire. Hétérogène et manquant de financements, sa direction n'a pu en effet maîtriser l'imbroglio des multiples groupes en présence (milices tribales, trafiquants de drogue, groupes islamistes armés locaux et exogènes...) et leurs alliances mouvantes et très volatiles au gré des rapports de forces du moment et des intérêts particuliers.

De ce fait, lors de l'offensive rebelle du premier trimestre 2012, le nouveau groupe d'Iyad Ag Ghali, Ansar Eddine, va rapidement se renforcer face au MNLA. Il bénéficie d'abord du soutien d'Alger [32] – ce que confirmera plus tard la médiation algérienne, qui a tout fait pour le rendre incontournable, le

32 Sur le soutien de l'Algérie à Ansar Eddine, voir notamment : Andy Morgan, « The causes of the uprising in Northern Mali », <www.thinkafrica-press.com>, 6 février 2012 ; Raby Ould Idoumou et Jemal Oumar, « Les responsables militaires du Sahel réfléchissent aux options face à la crise au Mali », <www.magharebia.com>, 16 juillet 2012 ; Frédéric Powelton, « Sahel : l'Algérie face au dilemme malien », <www.sahel-intelligence.com>, 7 mai 2012 ; entretiens de Jeremy Keenan avec Tim Lister, « Disaster looms for people of Mali as country is split by revolt », CNN, 13 avril 2012 ; et Robin Banerji, « Life in Timbuktu under islamist rule », BBC, 23 mai 2012.

recevant en grande pompe à Alger en décembre 2012 et affirmant hautement son opposition à toute intervention étrangère au Mali. Les généraux algériens voient en effet en lui un moyen d'éviter la réalisation d'un Azawad indépendant, qui suscite un soutien important en Kabylie et qui pourrait aussi motiver la minorité touarègue du Sud algérien. Le DRS va également mobiliser son « proxy » AQMI pour lui venir en aide. Ainsi, Ansar Eddine commence les combats avec très peu d'hommes, appuyés par les membres de la *katiba* Ansar Essuna d'AQMI. À mesure de sa progression sur le terrain, le groupe recrute de nouveaux combattants, venus notamment du MNLA. Il coalise aussi les groupes hostiles à la progression des indépendantistes et enclins à chercher des alliances pour éviter leur tutelle.

Alors que le MNLA est fragilisé par des ressources insuffisantes, Ansar Eddine dispose de capacités financières impressionnantes, qui l'aident à étoffer ses rangs. Il est probable qu'Ag Ghali a mobilisé les réseaux saoudiens qu'il avait côtoyés lors de son séjour à Djeddah. Il dispose également de l'argent de la drogue, des ponctions opérées sur les rançons, de financements d'AQMI et de l'Algérie. Mais c'est bien AQMI qui a fait basculer l'équilibre des forces en faveur d'Ansar Eddine.

L'irruption du MUJAO, un groupe islamiste au cœur de toutes les manipulations

AQMI et son « excroissance » (*offshoot*) du Mouvement pour l'unicité et le djihad en Afrique de l'Ouest (MUJAO), selon le terme utilisé par le chercheur allemand Wolfram Lacher, auteur en 2012 d'un rapport sur la situation au Nord-Mali pour la Fondation Carnegie [33], n'apparaissent véritablement sur le terrain qu'à partir d'avril, mais les alliances qu'ils nouent avec les milices et les trafiquants de drogue

---

33 Wolfram LACHER, « Organized crime and conflict in the Sahel-Sahara region », *loc. cit.*

(quand ce ne sont pas les mêmes) sont déterminantes dans le basculement de l'équilibre des forces au détriment du MNLA. En juillet 2012, ce dernier est évincé des grandes villes du Nord-Mali. Ainsi, à Tombouctou les trafiquants maures berabiches du FNLA s'allient à AQMI et Ansar Eddine pour chasser les indépendantistes. À Gao, le MUJAO se coalise avec des Songhays des Ganda Izo et les trafiquants de drogue lamhars avec qui il est en affaires.

Le MUJAO apparaît en décembre 2011 en revendiquant l'enlèvement d'humanitaires dans un camp du Front Polisario près de Tindouf. Une telle action n'était possible qu'avec des complicités au sein de l'appareil sécuritaire sahraoui qui contrôle étroitement cette zone, mais aussi chez ses tuteurs du DRS. D'autant que l'armée algérienne aurait pu agir très rapidement pour intercepter les ravisseurs : les voies pour s'enfuir ne sont pas si nombreuses et elle dispose, dans cette zone hyper-militarisée, de moyens d'intervention aériens. Le MUJAO est souvent présenté comme une scission d'AQMI, mais est-ce vraiment le cas ? Certes, il est issu de ce mouvement, plus précisément de la *katiba* Al-Fourquane, mais il reste sous la tutelle d'AQMI. L'itinéraire d'un de ses membres les plus éminents est à ce sujet révélateur : Oumar Ould Hamaha a rejoint AQMI dans les années 2000 et est devenu un des lieutenants de Mokhtar Belmokhtar avant d'apparaître, dans le conflit malien, comme le porte-parole d'Ansar Eddine puis de devenir le chef d'état-major du MUJAO [34].

L'objectif premier de ce groupe plus ou moins téléguidé par le DRS, essentiellement composé et dirigé par des Maures sahraouis, mauritaniens et maliens, semble bien en réalité de diversifier le recrutement d'AQMI et de couvrir la zone de vie maure [35]. Malgré son ambition affichée de mener son combat

34 Boris THIOLAY, « Le djihad du "barbu rouge" », *L'Express*, 4 octobre 2012.

35 Issane ANSAR, « Métastases du salafisme algérien à l'épreuve des soubresauts sahariens et des rébellions azawadiennes », <http://ruedelapoussiere.blogspot.fr>, 24 avril 2012.

en Afrique de l'Ouest, comme le laisse supposer son nom, le MUJAO n'est actif qu'au Sahara mauritanien, malien et algérien et il concentre ses attaques – pas si nombreuses – sur l'Algérie, ce qui lui a valu d'être régulièrement présenté dans les médias algériens comme manipulé par les services secrets marocains [36]. Sous la tutelle du trafiquant et chef djihadiste Mokhtar Belmokhtar, le MUJAO paraît surtout constituer la partie trafiquante d'AQMI, en affaires avec les trafiquants des tribus berabiches de Tombouctou, lamhars de Gao, rgueybats du Polisario ou maures de Mauritanie. Ces connexions supposent des liens avec les autorités régionales impliquées dans le trafic de drogue (DRS, certains clans mauritaniens et du Polisario, trafiquants maliens protégés par Bamako). Parmi ses alliés, le MUJAO compte sur les trafiquants berabiches de Tombouctou, qui fondent en avril 2012 le Front national de libération de l'Azawad (FNLA), lequel devient Mouvement arabe de l'Azawad (MAA) en août. Il y a d'ailleurs une filiation certaine entre ce groupe et le FIAA des années 1990 lié à l'Algérie et à la Mauritanie.

Le Burkina Faso livre aussi des armes au MUJAO [37]. Blaise Compaoré, président de ce pays, s'immisce depuis longtemps au Nord-Mali. Il a ainsi appointé à plusieurs reprises son conseiller spécial, le Mauritanien Ould Liman Chafi, dans plusieurs médiations pour la libération d'otages et le versement de rançons. Depuis l'éclatement de la crise, il a aussi joué un rôle équivoque. Ainsi, alors qu'il était mandaté comme médiateur par la CEDEAO en mars 2012 à la suite du putsch contre le président malien ATT du capitaine Amadou Haya Sanogo, il a signé avec ce dernier un accord sans en informer l'institution ouest-africaine, entérinant le putsch, écartant la classe

---

36 Voir par exemple : Tarek Hafid, « Un haut responsable sahraoui révèle : "Des responsables du MUJAO et d'Ançar Dine sont au Maroc" », *Le Soir d'Algérie*, 6 avril 2013.

37 « Sahel : qui livre des armes au MUJAO ? », <www.jeuneafrique.com>, 5 septembre 2012.

politique et la société civile et imposant comme Premier ministre Cheikh Modibo Diarra, gendre de l'ancien dictateur Moussa Traoré ayant fait carrière aux États-Unis. Sachant que le nouveau Premier ministre manquait d'expérience politique, Blaise Compaoré espérait le manipuler, apparemment sans succès. Beaucoup au Mali ont vu là le signe du soutien aux indépendantistes du MNLA, d'autant qu'une partie de leur état-major militaire et politique s'est réfugiée à Ouagadougou à la chute de Gao, certains, dont le secrétaire général du mouvement, Bilal Ag Achérif, ayant même été évacués par des hélicoptères de l'armée burkinabé.

L'intervention militaire française de janvier 2013 a bouleversé les équilibres politiques entre les groupes armés et conduit à une recomposition des forces en présence. Tous les groupes ont cherché à s'éloigner d'AQMI et du MUJAO. Ainsi, dès le 24 janvier, Ansar Eddine a vu une partie de ses éléments faire scission et fonder un nouveau groupe, le Mouvement islamique de l'Azawad (MIA), regroupant principalement les notabilités ifoghas. Son chef, Alghabass Ag Intallah, est le fils de l'amenokal – dont il prendra la succession comme décidé en décembre 2011, quand il a évincé Iyad Ag Ghali. Il rejoint le MNLA au début de la rébellion, puis se rallie à Ansar Eddine dont il devient le porte-parole.

Le MNLA, après son éviction des grands centres du Nord-Mali, a attendu son heure. Grâce à sa maîtrise du terrain, il savait pouvoir se positionner en allié incontournable d'une intervention étrangère à venir. Il a donc combattu aux côtés des armées alliées, française, nigérienne et tchadienne. La France n'a pas amené avec elle l'armée malienne dans l'extrême nord-est, fief des Touaregs, et a même cédé au MNLA le contrôle de certaines villes, comme Kidal ou Tessalit. En échange, ceux-ci sont revenus sur leurs revendications indépendantistes, demandant seulement une autonomie poussée, sur le modèle fédéraliste. Quant aux milices armées de Gao et Tombouctou, elles ont semble-t-il fait partie des premières à déserter, ne voulant à aucun prix combattre les Français.

Cela explique certainement le fait que ces derniers n'aient pas été confrontés à une résistance militaire lors de la prise des grandes villes, Ansar Eddine, le MUJAO et AQMI n'ayant plus assez de combattants. En revanche, les populations victimes des exactions de ces groupes en 2012 n'ont pas hésité à dénoncer les Maures et les Touaregs comme leurs complices. Même ceux parmi ces populations qui ne s'étaient pas mêlés de politique ont été victimes en 2013 de graves exactions de la part de l'armée malienne et des milices qui l'accompagnaient, du seul fait de leur couleur de peau.

L'impact du « grand jeu » des puissances occidentales

Le jeu complexe de tous ces acteurs locaux et régionaux n'a évidemment jamais été déconnecté de celui des grandes puissances mondiales – États-Unis et France principalement, mais aussi pétromonarchies du Golfe et pays émergents asiatiques –, actives au Nord-Mali bien avant 2012. Depuis le début des années 2000, elles s'y trouvent en effet impliquées dans un nouveau « grand jeu » international [38], même si celui-ci n'est pas le seul déterminant de l'évolution des alliances et des rivalités entre acteurs étatiques ou autres de la région.

Après les attentats du 11 septembre 2001, on l'a vu, les États-Unis se veulent aux avant-gardes de la Global War On Terror (GWOT). Dès 2002, la rhétorique sécuritaire s'accompagne d'un intérêt accru de l'administration Bush pour le pétrole africain, dont les représentants affirment alors que l'Afrique est une priorité de l'Amérique post-11 Septembre : pour diversifier leurs approvisionnements en hydrocarbures, les États-Unis doivent en importer une part croissante depuis

---

38 Voir dans ce livre le chapitre de Mohammad-Mahmoud Ould Mohamedou, p. 58.

l'Afrique. Ils misent principalement sur les ressources du Golfe de Guinée, qu'il faut sécuriser en se déployant dans et autour de cette région, notamment au Sahel-Sahara qui recélerait en outre des réserves importantes. En septembre 2002, la Maison-Blanche lance donc l'« Initiative Pan-Sahel » : quelque mille soldats des forces spéciales sont envoyés sur place afin d'assurer la coopération antiterroriste entre la Mauritanie, le Mali, le Niger et le Tchad, de former leurs armées (et de leur vendre du matériel militaire). En juin 2005, cette initiative sera élargie à l'Algérie, au Maroc, à la Tunisie, au Sénégal et au Nigéria, devenant la Trans-Saharan Counter-Terrorism Initiative (TSCTI), dotée pour cinq ans par Washington d'un budget annuel de 100 millions de dollars. La justification de cette implication états-unienne est fournie par la lutte contre le terrorisme du GSPC : il faut traquer Abderrezak El-Para, l'« homme de Ben Laden au Sahel » selon le président Bush.

Les États-Unis vont également implanter dans la région de petites bases permanentes susceptibles d'accueillir des forces d'intervention, les *lily pads* (nénuphars), leur permettant de se projeter à tout moment sur tout théâtre d'opérations. Le Niger, le Burkina Faso, le Mali, la Mauritanie, le Maroc et l'Algérie en accueillent. Mais l'engagement des deux derniers auprès des États-Unis est sans comparaison avec celui des autres pays : ils sont les premiers bénéficiaires des financements de Washington et les principaux hôtes des forces états-uniennes. Le Maroc, allié traditionnel des États-Unis, continue d'abriter des bases de l'US Air Force, tandis que l'Algérie leur concède une base près de Tamanrasset (finalement abandonnée en 2006) et se révèle, à travers sa « gestion » du terrorisme, le partenaire le plus stratégique.

Avec cette politique, les États-Unis pénètrent l'aire d'influence de la France, qui la considère comme son « précarré » : depuis les indépendances, les autorités françaises assurent la tutelle économique, politique et militaire de leurs anciennes colonies d'Afrique subsaharienne, tandis qu'elles entretiennent avec celles du Maghreb – et en premier lieu l'Algérie – des relations où les tensions récurrentes s'accommodent d'une complicité durable, nourrie d'intérêts économiques partagés. Dans la région sahélienne et au Mali, la France a également quelques intérêts économiques, mais les enjeux stratégiques semblent prépondérants. Ainsi, Areva, entreprise publique française, exploite des mines d'uranium au Niger, une ressource stratégique qui permet à la France d'assurer son « indépendance énergétique » (l'Élysée a d'ailleurs participé à plusieurs reprises au renversement de présidents nigériens menaçant ses intérêts). Proches du Mali, ces mines seront sécurisées par les forces spéciales françaises à partir de janvier 2013, du « jamais vu » [39]. De plus, les enlèvements de ressortissants français ont servi de prétexte à l'installation de matériels et de formateurs des forces spéciales françaises au Niger et au Burkina Faso.

Mais, depuis 2009, l'administration Obama est moins investie dans la GWOT et, pour des raisons d'économies, préfère s'appuyer sur la France, partageant notamment du renseignement – une alliance qui n'empêche pas une certaine rivalité, notamment auprès des armées locales. Enfin, les alliés des États-Unis du golfe Arabo-Persique sont également présents. Ainsi, le Qatar investit largement dans la région, soutenant assez probablement certains groupes islamistes armés – un soutien qui proviendrait plutôt d'intérêts privés que de l'émir lui-même, ce dernier les laissant agir pour des raisons de politique intérieure [40]. De même, les Saoudiens laissent-ils leurs salafistes locaux s'activer à l'étranger pour éviter qu'ils ne le fassent chez eux [41]. Par ailleurs, outre le soutien politique et économique qu'elle apporte traditionnellement au Maroc, l'Arabie saoudite mène depuis plusieurs décennies déjà un actif

39 Jean GUISNEL, « Niger : les forces spéciales protégeront les mines d'uranium d'Areva », <www.lepoint.fr>, 29 janvier 2013.

40 « Le Qatar : de la volonté d'influence à la volonté de puissance ? », émission « Géopolitique le débat », <www.rfi.fr>, 3 novembre 2012.

41 « Tunisie et Égypte : les deux révolutions dévoyées », émission « Affaires étrangères », <www.franceculture.com>, 9 février 2013.

prosélytisme wahhabite dans la région et y investit de plus en plus. Quant à la Chine et l'Inde, pays « émergents » dont les intérêts économiques sont croissants dans la région, notamment dans les matières premières (fer en Mauritanie, uranium et pétrole au Niger), elles semblent encore se tenir à l'écart des rivalités géopolitiques en cours.

On l'aura compris : les enjeux de la « guerre au Mali » engagée par la France en janvier 2013 sont bien loin de se réduire à ceux, officiellement affichés, de la lutte « antiterroriste ». Il est impossible, pour les comprendre, de faire l'impasse sur les racines anciennes des conflits régionaux et sur les intérêts contradictoires des puissances régionales et mondiales dans la région.

2

Le nouveau « grand jeu » des puissances occidentales au Sahel

MOHAMMAD-MAHMOUD OULD MOHAMEDOU*

L'intervention entamée par la France au Mali en janvier 2013 est symptomatique de la progressive remilitarisation des termes de l'échange entre les puissances occidentales et les pays du Sud. Initié au lendemain de la fin de la guerre froide, ce processus marque une rupture avec le relatif équilibre mondial qui avait prévalu durant le demi-siècle précédent. Il peut néanmoins se comprendre dans une temporalité plus longue : l'interventionnisme des « grandes puissances » s'inscrit dans une périodicité cyclique, révélatrice du rapport durable de domination entre la métropole et la périphérie, renvoyant à une tendance qui s'était déjà manifestée aux XIXe et XXe siècles.

* Professeur invité à l'Institut de hautes études internationales et du développement et directeur du Programme régional au Centre de politique de sécurité de Genève.

La « guerre au terrorisme » des grandes puissances

De la même façon que les luttes intra-européennes s'étaient progressivement déversées vers le Sud après 1815 (poussant à la fois vers le « concert des nations », le « grand jeu » en Asie centrale et en Afghanistan entre les empires russe et britannique ou à la conquête de l'Algérie) et après 1945 (suscitant simultanément la mise en place des Nations unies et les guerres de décolonisation), une version mise à jour de cette réorientation s'est, depuis 1989, jouée selon une mécanique de géostratégie alliant rhétorique de l'ordre et pratique déstabilisatrice.

Au lendemain du 11 septembre 2001 est apparu un prêt-à-penser sécuritaire agencé dans une nouvelle mise en scène de la conflictualité : face à des groupes armés identifiés comme « terroristes » et hostiles à l'Occident, une volonté s'est manifestée de porter la guerre dans leurs sanctuaires pour les faire disparaître non plus politiquement, mais militairement. Évacuant les déterminants sociaux, politiques et économiques de la conflictualité, cet énoncé générique – le « terrorisme » – laisse de côté une question pourtant cruciale : une région peut-elle devenir « à risques » sans éléments mobilisateurs ou, à tout le moins, facilitateurs ? Au-delà de la rhétorique militaro-sécuritaire, il importe donc de comprendre les dynamiques qui prévalent dans ces zones soudainement décrites comme « crisogènes », à grands coups de néologismes frappants (« somalisation », « afghanisation », « Sahelistan » ou « Africanistan »). Et pour comprendre plus spécifiquement ce qui se joue au Sahel, au cœur d'un « continent sans espoir » (comme le titrait *The Economist* en mai 2000), il faut également situer ces dynamiques dans un ordre international qui demeure avant tout défini par la capacité des grandes puissances à agir dans une relative impunité.

Si le « grand jeu » du XIXe siècle a été mis à jour au cours des dernières décennies, grâce entre autres à une série d'artifices de légitimation publique tels que la « bonne gouvernance », les « droits de l'homme », la « démocratisation » ou la lutte contre le « terrorisme », le « Sud » paraît moins « passif » que par le passé. Trois grands développements, d'ailleurs enchevêtrés, méritent d'être soulignés à cet égard. Le premier est lié à l'incapacité des régimes postcoloniaux à asseoir un projet de construction de l'État stable et souverain : les « régimes » du Sud se sont montrés de plus en plus autoritaires, sur le plan intérieur, sans réussir à se réapproprier, sur le plan extérieur, les instruments d'une géopolitique d'influence. Cette double tendance s'est encore accentuée après le 11 Septembre : le néo-autoritarisme de ces régimes est d'autant mieux toléré par la « communauté internationale » que ce mode de gouvernance finit de remettre les clés de la souveraineté locale dans les mains de « partenaires sécuritaires » externes, faisant ainsi le lit de l'interventionnisme à venir.

La deuxième transformation conséquente du début du XXIe siècle est celle de l'émergence de groupes armés non étatiques capables de projeter leur force sur un mode transnational relativement inédit. Le traditionnel monopole de l'usage de la force par l'État est par conséquent sérieusement battu en brèche et la grammaire traditionnelle de la conflictualité semble se disperser dans le temps et dans l'espace. Le déploiement de ces groupes apparemment incontrôlés et incontrôlables participe à la fragmentation des États en même temps qu'il semble justifier la nouvelle rhétorique militaro-sécuritaire des puissances occidentales et l'utilisation de la force brute dans le cadre de guerres irrégulières.

Troisième évolution caractérisant le nouveau « grand jeu » : celui-ci s'inscrit désormais dans le cadre de la concurrence croissante – notamment en Afrique – entre les pays occidentaux et les puissances émergentes du Sud, au premier rang desquelles la Chine et l'Inde. La proximité des sites uranifères nigériens – exploités par la France mais convoités par d'autres puissances, notamment la Chine – n'est ainsi pas une donnée inconséquente dans les géostratégies internationales au Sahel, derrière la rhétorique de la « guerre au terrorisme ».

La banalisation de l'ingérence

Lorsque le président français François Hollande annonce, le 11 janvier 2013, que les forces armées de son pays ont entamé des opérations militaires au Mali pour libérer ce pays du joug des groupes armés qui contrôlaient plus de la moitié de son territoire depuis mars 2012, une étape importante est franchie dans la normalisation de l'intervention militaire comme mode de réponse aux crises internationales.

Après les guerres coloniales des années 1950 et 1960, les interventions directes des puissances occidentales lors de la poursuite de la guerre froide sont restées limitées à leurs zones d'influence traditionnelles (les États-Unis en Amérique latine et en Asie, la France en Afrique subsaharienne) et le Sud était plus un espace de confrontations par procuration entre les États-Unis et l'Union soviétique. Mais, après l'effondrement du bloc soviétique, l'interventionnisme occidental – théorisé en un « droit d'ingérence » dès 1987 et précisé en une « responsabilité de protéger » en 2001 – se manifestera tous azimuts : en Somalie en décembre 1992 (États-Unis), au Rwanda en juillet 1994 (France), à Haïti en juillet 1994 (États-Unis), au Timor en septembre 1999 (Australie), en Yougoslavie en mars 1999 (OTAN), en Afghanistan en octobre 2001 (États-Unis et Grande-Bretagne), en Irak en mars 2003 (États-Unis et Grande-Bretagne), en Côte d'Ivoire en novembre 2004 et en avril 2011 (France), en Libye en mars 2011 (OTAN) et au Mali en janvier 2013 (France).

Dès lors, le nouveau grand jeu se caractérise moins par une division du monde en aires de contrôle direct, comme cela avait été autrefois le cas avec la conférence de Berlin qui inaugura en 1885 la « ruée vers l'Afrique », que par la normalisation d'une nouvelle grammaire des relations internationales mettant hors jeu la diplomatie [1] et consacrant l'usage de la force pour le règlement des différends. Ce faisant, elle permet aux États puissants de conclure, dans une logique circulaire, à la nécessité du recours à l'intervention militaire. Cette évolution n'est pas sans conséquence sur le regard que les populations des sociétés occidentales portent sur ces contrées où se jouerait une « anarchie à venir [2] ». L'on passe ainsi, dans un fondu enchaîné, d'une logique selon laquelle on cherche à *aider* ces pays à une logique où on cherche à les *discipliner* – puisqu'ils représenteraient une menace pour les forteresses du Nord.

C'est à cette aune qu'il faut lire la visite du président Hollande à Tombouctou le 2 février 2013, consacrant une matrice esquissée en 2003 par le président américain George W. Bush. La séquence se décline de la sorte : la soudaine dangerosité d'un régime (Irak, Libye), d'un groupe (Talibans, Al-Qaida), d'un individu (Saddam Hussein, Mouammar Kadhafi, Laurent Gbagbo), bref d'une cible, est annoncée dans une urgence que relaient experts sécuritaires (adeptes de la « lutte contre le fanatisme religieux ») et journalistes patriotes (accompagnant « nos soldats ») ; des efforts diplomatiques sont déployés qui permettront d'affirmer *a posteriori* que « tout a été tenté » ; un « groupe de contact » autoréférentiel est mis en place ; une opération militaire est menée au nom de la « guerre contre le terrorisme » avec un déploiement spectaculaire de force – « *shock and awe* », choquer et impressionner, est le nom explicite dont les États-Unis affublent leur invasion de l'Irak le 19 mars 2003.

Et quand cette intervention provoque le retrait de l'ennemi, un chef d'État occidental voyage au cœur du pays objet de l'intervention pour annoncer que « la mission a été accomplie » (George W. Bush sur le porte-avions *USS Abraham*

1 Bertrand Badie, *La Diplomatie de la connivence. Les Dérives oligarchiques du système international*, La Découverte, Paris, 2011.

2 Robert Kaplan, « The coming anarchy », *The Atlantic Monthly*, vol. 273, n° 2, février 1994, p. 44-76.

Lincoln le 1er mai 2003), que « la Libye est libérée » (Nicolas Sarkozy à Benghazi le 15 septembre 2011) ou que « les groupes terroristes ont été affaiblis » (François Hollande à Tombouctou le 2 février 2013). Les libérateurs français et américains sont remerciés (pancartes parsemées de « Thank you Bush », « Thank you Sarkozy », « Merci Papa Hollande ») et cette infantilisation dénote inévitablement la carte cognitive de rapports d'inféodation. Dans la foulée, une conférence internationale de soutien au pays envahi est organisée, des fonds importants sont promis (sans être par la suite nécessairement levés) et une élection est organisée. Le momentum se dissipe et le *storytelling* aboutit à une tombée de rideau saluée de « succès » qui ne tolère pas la remise en cause. « N'en déplaise aux contempteurs paresseux du "néocolonialisme" et aux tenants de la diplomatie traditionnelle, la guerre malienne confirme la légitimité de ce "devoir d'ingérence" qui s'impose de plus en plus aux grandes nations démocratiques, se félicite par exemple un éditorialiste français en février 2013 après l'intervention militaire au Mali. [L']ingérence [...] donne, la plupart du temps, des résultats bien meilleurs que la non-ingérence [3]. »

L'enthousiasme anhistorique que suscite l'interventionnisme occidental en ce début de XXIe siècle marque ainsi une dérive qu'il importe de consigner : c'est la reproduction, en plus simpliste – aucune intervention n'a été couronnée de succès –, du discours orientaliste du XIXe siècle. Lequel, comme l'a démontré Edward Said [4], accompagnait et normalisait auprès du grand public une action militaire invariablement orientée politiquement. Pour autant, au lendemain des interventions, l'insécurité continue à se manifester, voire s'aggrave, dans le territoire en principe « libéré ». Cette seconde phase s'ouvre invariablement sur le rythme de la guerre asymétrique,

---

3 Laurent Joffrin, « Devoir d'ingérence », *Le Nouvel Observateur*, n° 2418, 7-13 février 2013, p. 5.

4 Edward Said, *Orientalism*, Vintage, New York, 1979 ; et *Culture and Imperialism*, Vintage, New York, 1994.

du repli des groupes vers des zones difficilement accessibles (Waziristan, « Adrar des Ifoghas »), des chasses aux sorcières aux groupes ethniques ou politiques perdants, des violations des droits humains, des attentats et enlèvements et, au bout du compte, d'une instabilité qui vient s'additionner au problème originel. De ce fait, la majorité des régions récemment soumises à ces dynamiques connaissent depuis un niveau de conflictualité souvent pire que celui qui prévalait auparavant – en Somalie, différents groupes étaient apparus depuis les années 1970 à l'occasion du conflit avec l'Éthiopie ; l'Irak avait connu une succession de guerres depuis 1980 ; des anciennes haines communautaires au Rwanda et en Afghanistan et des autocraties à Haïti, en Côte d'Ivoire et en Libye avaient miné ces sociétés.

Tel n'était pas le cas du Sahel qui, contrairement à son image d'instabilité pérenne véhiculée aujourd'hui, était demeuré relativement stable depuis les indépendances. Seule l'irrésolue « question touarègue », mise de côté lors de la décolonisation, avait sporadiquement provoqué des soulèvements (1962-1963, 1990-1995, 2006-2009) à l'initiative de groupes poursuivant un projet indépendantiste, tantôt par les armes tantôt par la négociation [5]. Si donc le Sahel devient une « zone à problèmes » à la fin des années 2000, c'est dans un contexte international traversé, depuis au moins vingt ans, de dynamiques interventionnistes en expansion. Ainsi, l'idée d'une inévitabilité de l'intervention militaire est graduellement introduite comme matrice de ce nouveau grand jeu qui se met en place, non plus à la faveur de quelques négociations secrètes, mais en tant que résultat d'une transformation des attentes publiques dans la façon dont les crises peuvent (et, partant, doivent) être résolues. La crise au Sahel constitue enfin une indication de la normalisation du récit de la « guerre contre le terrorisme ». Dans le cas de la France, cette rhétorique

5 Voir le chapitre d'Hélène Claudot-Hawad dans cet ouvrage, p. 125.

est introduite explicitement pour la première fois le 27 juillet 2010 par le Premier ministre François Fillon qui déclare, au lendemain de l'échec de l'opération menée pour libérer l'otage Michel Germaneau (lequel sera exécuté par ses ravisseurs au Mali) : « Nous sommes en guerre contre Al-Qaida. »

De la greffe algérienne au déversement libyen

Si la « question touarègue » constitue donc un dossier de nature relativement classique, à savoir des velléités indépendantistes non traitées depuis la décolonisation (telle la question kurde au Moyen-Orient), la conflictualité qui se joue aujourd'hui au Sahel trouve son origine plus immédiate dans l'irrésolution de la guerre civile algérienne des années 1990. Fin 1997, l'Algérie est exsangue après près de dix ans d'une crise sociale qui a dégénéré en une des plus sanglantes guerres civiles que le monde ait connues. Du soulèvement d'octobre 1988 à Alger au massacre de Rélizane en décembre 1997, la descente aux enfers de ce pays se joue avec en premier plan des groupes armés radicaux qui se caractérisent par une violence toujours plus soutenue, une ambiguïté persistante quant à la nature réelle de leur organisation [6] et des objectifs de plus en plus criminels et moins idéologiques.

Alors qu'il est relativement absent de la scène sécuritaire pendant les cinq années qui suivent sa création en 1998, le Groupe salafiste pour la prédication et le combat (GSPC), avatar du Groupe islamique armé (GIA), entame en 2003 une pénétration de la partie septentrionale du Mali qui aboutira neuf ans plus tard au contrôle presque complet de cette aire. De la prise de trente-deux otages européens en février-avril 2003 à celle de centaines d'étrangers sur un site gazier près de la ville

6 Voir le chapitre de François Gèze dans cet ouvrage, p. 148.

d'In-Amenas du 16 au 19 janvier 2013, le GSPC, devenu Al-Qaida au Maghreb islamique (AQMI) en janvier 2007, passe en dix ans d'un problème intérieur algérien à un problème régional maghrébo-sahélien, puis d'un défi continental africain à une « menace pour la paix et la sécurité internationales ».

Or, si l'enlèvement de 2003 introduit la matrice de ce terrorisme (entre 2003 et 2013, soixante-douze otages seront pris dans la région, dont dix ont été exécutés), la prise d'otages de 2013 démontre l'acuité de la filiation algérienne, puisqu'au lendemain de l'intervention française au Mali, la réaction des groupes armés a lieu sur un site en Algérie. En vérité, la filiation est évidente du GIA au GSPC et à AQMI puis au Mouvement pour l'unicité et le djihad en Afrique de l'Ouest (MUJAO), formé en décembre 2011, et à Ansar al-Sharia, dissidence du MUJAO créée en janvier 2012. Dans un premier temps, la greffe algérienne crée une instabilité dans le Nord-Mali qui est suivie de recrutements au sein des populations de cette zone. Par la suite, cette pénétration engendre un mimétisme avec la création d'Ansar Eddine, groupe touarègue à orientation islamiste radicale, formé en décembre 2011, à la veille de la rébellion du Mouvement national pour la libération de l'Azawad (MNLA) qui provoquera indirectement la chute du pouvoir à Bamako le 21 mars, à la faveur d'un coup de force de l'armée.

Sans doute faut-il donc partir de cette genèse si l'on veut comprendre le comportement des groupes armés au Sahel. La généalogie d'AQMI, simple avatar du GSPC lui-même dérivé du GIA, met à mal le discours pseudo-religieux du groupe. Intéressé dès son premier coup d'éclat par le rançonnement, le GSPC fait peau neuve en AQMI dans une logique opportuniste qui lui permet d'acquérir une dimension « al-qaidienne » particulièrement utile après le 11 Septembre. AQMI se met ensuite à nouer des alliances dans le Sahel, à susciter des sous-branches et à multiplier les *katibas* (brigades). À travers le trafic de drogue, d'armement, d'essence, de cigarettes et de rapts d'étrangers, la nature réelle du groupe se révèle rapidement. Une lucrative économie politique du terrorisme se met en place avec des kidnappeurs-revendeurs et des intermédiaires intervenant de façon financièrement intéressée dans les négociations de libération. Le *business plan* du leadership d'AQMI a surtout bénéficié de la stratégie de régionalisation voulue par Al-Qaida *al oum* (Al-Qaida mère), qui a réussi à susciter des franchises mais avec, au bout du compte, moins de contrôle et de cohésion.

Le second grand facteur de déstabilisation régionale du Sahel résulte de l'intervention de l'OTAN lors du conflit armé en Libye et la violente résolution de la révolution entamée dans ce pays le 16 février 2011. Premièrement, suite à l'ouverture, fin février 2011, par le dirigeant libyen de caches d'armes, d'importantes quantités d'armement vont se déverser sur l'ensemble du Sahel. Parmi les premiers à saisir cette occasion, AQMI dépêche rapidement des éléments qui prennent part au pillage de ces stocks et rapatrient cet arsenal vers les sanctuaires de l'organisation au nord du Mali. Deuxièmement, les groupes touaregs en exil en Libye rentrent au Mali au lendemain du conflit libyen, forts de leur expérience militaire et nourris d'un esprit revanchard sur un gouvernement malien lui-même affaibli par la perte de l'allié à Tripoli. Ainsi, dès le 16 octobre 2011, deux grandes formations politiques touarègues, le Mouvement national de l'Azawad (MNA) et l'Alliance touarègue du Nord-Mali pour le changement (ATNMC), s'allient pour fonder le Mouvement national pour la libération de l'Azawad (MNLA). Lequel lance, en janvier 2012, une offensive militaire qui, avec le soutien des islamistes, aboutit fin mars à la conquête de Tombouctou, Gao et Kidal.

La crise qui naît au Mali début 2012, dans un contexte de fin de règne démissionnaire du président malien Amadou Toumani Touré, est donc la combinaison d'une scène géopolitique où se mêlent trois dynamiques : un contrôle grandissant du Nord-Mali par des groupes islamistes radicaux algériens qui ont essaimé dans cette région durant au moins une décennie ; une circulation accrue d'importantes quantités d'armements provenant de stocks libyens qui a créé un vortex sécuritaire permettant la militarisation d'AQMI et de ses groupes connexes ; et, enfin, des velléités sécessionnistes de groupes touaregs nouvellement fédérés. Face à la débandade de l'armée malienne et après avoir défait le MNLA en juin et novembre 2012, les miliciens d'Ansar Eddine entament, le 8 janvier 2013, une poussée sur les villes de Mopti et Konna, dont les chassera l'armée française appelée à la rescousse par les autorités maliennes.

La théâtralisation de la diplomatie

Si corruptrice qu'aura été la greffe algérienne sur le Nord-Mali, celle-ci n'aura néanmoins pu se matérialiser qu'à la faveur d'une résignation malienne. Perçu sur la scène internationale comme un exemple de démocratie en Afrique, le Mali s'enfonce au cours des années 2000 dans un processus dont les dynamiques font entrevoir la crise à venir. Absence de consensus politique, faible cohésion sociale, autorités prédatrices et armée corrompue : l'État dévoyé et mis en déroute par les logiques conjuguées du grand jeu recodifié et des politiques néolibérales n'est plus perçu comme une idée qui rassemble mais comme un vecteur de division. C'est dans ce contexte que l'introduction du paradigme de la « guerre contre le terrorisme » permet aux États de la région de redéployer un discours sécuritaire en phase avec le nouvel « esprit du temps », créant ainsi les conditions matérielles de l'interventionnisme.

Initialement déclinée en 2002 au niveau national, dans des rapports bilatéraux de coopération avec, notamment, les États-Unis, la France, l'Espagne et l'Union européenne, cette dynamique s'amplifie et intègre progressivement une dimension régionale. C'est ainsi que le rapt des trente-deux touristes européens en 2003 accélère le déploiement du programme antiterroriste états-unien dans la région. Lancée en 2005, la Trans-Saharan Counter-Terrorism Initiative (TSCTI) prend la suite et approfondit la Pan-Sahel Initiative (PSI) mise en place par Washington trois ans plus tôt, et s'intègre dans l'Operation Enduring Freedom-Trans-Sahara (OEF-TS), déclinaison régionale de la « guerre globale » des États-Unis contre le terrorisme (son pendant est-africain étant l'Operation Enduring Freedom-Horn of Africa, OEF-HA). C'est dans ce cadre que sont annuellement organisés, depuis 2005, des exercices militaires antiterroristes régionaux, baptisés Flintlock. En octobre 2008, la TSCTI est intégrée au commandement militaire US Africa Command (Africom) basé à Stuttgart et doté d'un budget annuel de 300 millions de dollars et de 2 000 hommes. Dans le même esprit, le Programme spécial pour la paix, la sécurité et le développement dans le Nord-Mali (PSPSDN), lancé en août 2011 par les autorités maliennes et mené avec le soutien d'un large éventail de partenaires internationaux, articule cette même logique de recomposition militaro-sécuritaire lestée des thématiques traditionnelles de développement tout en y associant la société civile.

Lorsque la crise malienne éclate en 2012, l'Union africaine (UA) et la Communauté des États de l'Afrique de l'Ouest (CEDEAO), qui ont longtemps ignoré le problème au nord de ce pays, se placent dans une logique de résolution de crise par la coercition et non par l'intercession. Si une médiation est menée par le président burkinabé Blaise Compaoré, au nom de la CEDEAO, elle est traversée d'incertitudes quant à la nature des discussions en cours. De même, la nomination par l'UA d'un Haut représentant pour le Mali et le Sahel (l'ancien président burundais Pierre Buyoya) intervient le 26 octobre 2012, deux semaines après que le secrétaire général des Nations unies a nommé son représentant spécial pour le Sahel (l'ex-président du Conseil italien Romano Prodi).

Deux éléments sont à souligner ici : d'une part, la théâtralité d'une diplomatie vidée de son sens et condamnée à l'échec ; et, d'autre part, l'atomisation des structures formelles de décision illustrée par la multiplication de réunions internationales *ad hoc* s'arrogeant la légitimité du processus de prise de décision multilatéral et vidant le Conseil de sécurité et l'Assemblée générale des Nations unies de leur autorité politique. Dans ces conditions, la recherche d'une « solution diplomatique » devient un passage obligé avec la multiplication des « envoyés spéciaux » qui ne jouent pas de rôle dans le déroulement des événements, mais seulement en tant que préalable au fait militaire – la France, pour sa part, nommera l'ambassadeur Jean Felix-Paganon « représentant spécial » pour le Sahel le 25 juin 2012 et l'Union européenne décidera d'en nommer un en janvier 2013.

Au-delà de la prophétie autoréalisatrice du fait interventionniste, une autre nouveauté est celle de la *demande d'ingérence* du Sud : un développement original, loin du rejet de toute idée d'intrusion durant les décennies précédentes. La synthèse entre calculs des régimes au Sud et des administrations au Nord est ainsi opérée de telle sorte que l'Afrique réclame désormais que les puissances occidentales interviennent militairement sur son sol : le nouveau président ivoirien le fait en janvier 2011, les habitants de Benghazi en mars 2011, le président de la République centrafricaine en décembre 2012 et le président intérimaire malien à son tour en janvier 2013.

Cultiver l'ambiguïté

C'est dans un tel contexte international de recomposition de la grammaire des relations internationales que la CEDEAO aborde la crise malienne. Le 5 juillet 2012, le Conseil de sécurité des Nations unies adopte la résolution 2056, dans laquelle il soutient les efforts des autorités de transition maliennes et appelle à la restauration de l'intégrité territoriale du Mali. Le Conseil prend note de la demande de la CEDEAO en vue du déploiement d'une force de stabilisation et « se déclare prêt à examiner plus avant la demande [...] dès qu'il aura obtenu davantage de précisions sur les objectifs, les moyens et les modalités du déploiement envisagé ». Le 12 octobre suivant, la résolution 2071 est adoptée : envisageant le déploiement au Mali d'une force africaine dirigée par la CEDEAO, le Conseil demande à nouveau plus d'informations aux pays africains, auxquels sont donnés quarante-cinq jours pour produire ces éléments. Étonnante mise en abîme de cet interventionnisme qui ne conçoit d'interaction avec les partenaires du Sud que sur le mode autoritaire, même lorsque ceux-ci sont demandeurs d'ingérence. Ce même Conseil de sécurité, qui avait autorisé une intervention militaire en Libye en mars 2011 (résolution 1973), avait-il demandé au préalable « plus d'informations » à l'OTAN [7] ?

En préparation à l'entrée en guerre au Mali, des réunions internationales ont lieu à New York (26 septembre), Malte (6 octobre), Abuja (11 novembre), où un « concept stratégique opérationnel » est élaboré, et enfin New York où, le 21 décembre, la résolution 2085 est adoptée. Celle-ci autorise le déploiement d'une Mission internationale de soutien au Mali (MISMA) « sous conduite africaine » et « pour une durée initiale d'une année ». Les objectifs premiers de cette MISMA sont précisés comme étant les suivants : aider à reconstituer la capacité des forces de défense maliennes, aider les autorités maliennes à reprendre les zones du nord et passer progressivement à des activités de stabilisation afin de renforcer l'autorité de l'État. Le Conseil insiste sur le fait que « c'est aux autorités maliennes qu'il incombe au premier chef de régler les crises interdépendantes auxquelles le pays fait face ».

En l'absence d'un mandat explicite du Conseil de sécurité au-delà de ces dispositions, nombreux sont les observateurs qui se sont demandé si l'intervention française entrait dans un cadre onusien. Mais on peut aussi se demander si un tel débat importe réellement quand on sait avec quelle facilité les

---

7 Il en avait été de même dans le cas de l'intervention états-unienne en Irak en mars 2003 : le Conseil de sécurité ne l'avait certes pas autorisée, mais il n'avait pas pour autant exigé d'informations supplémentaires lorsque, accueillant favorablement la dissolution de l'Autorité provisoire de la coalition le 28 juin 2004, il l'avait rationalisé *ex post facto*.

normes internationales sont contournées par les « grandes puissances ». Le président malien n'a-t-il pas demandé par courrier, le 9 janvier, une intervention au président français ? Les puissances occidentales n'ont-elles pas bien accueilli cette équipée, de même que les pays africains et le grand public occidental l'ont, en majorité, jugé « nécessaire » ? Cela suffit à masquer le fait qu'en réalité la demande malienne ne concernait qu'un soutien aérien pour reprendre la ville de Mopti. « [L'intervention aérienne] consistera à fournir un appui renseignement et un appui feu au profit de nos troupes », écrit le président Dioncounda Traoré à son homologue français.

Plus que son prédécesseur, le grand jeu contemporain se caractérise par la liberté que les puissances ont de moduler leur intervention en suscitant peu d'interrogations. Ainsi, faisant face à un soulèvement de groupes armés en décembre 2012 et appelant la France à la rescousse, le président centrafricain, François Bozizé, se voit publiquement opposer une fin de non-recevoir. « La France ne prendra pas part à la crise que traverse le pays, si nous sommes présents, c'est pour protéger nos ressortissants et nos intérêts et en aucune façon pour intervenir dans les affaires intérieures d'un pays », affirme alors François Hollande. Lequel acceptera, quatorze jours plus tard, la demande du président intérimaire malien Dioncounda Traoré, tout autant aux prises avec des groupes armés...

Cultiver l'ambiguïté quant aux termes de l'engagement apparaît en effet comme une dimension cruciale qui permet à l'acteur interventionniste, quelles que soient ses contradictions, de ne jamais se retrouver prisonnier du processus dans lequel il est engagé. En l'espèce, les autorités françaises maintiennent initialement une position en retrait. « Il n'y aura pas de troupes françaises engagées [au Mali] », déclare le président François Hollande le 11 octobre 2012, précisant : « Nous ne pouvons pas intervenir à la place des Africains. » Le 23 décembre, vingt jours avant l'intervention française, le ministre de la Défense, Jean-Yves Le Drian, insiste : « C'est aux Africains d'intervenir, pas aux Français. » Une fois les troupes sur le terrain, c'est la durée de l'intervention qui fait l'objet d'une ambiguïté tactique. « La France restera le temps qu'il faudra », indique le président Hollande le 2 février, alors que le ministre des Affaires étrangères, Laurent Fabius, note le 5 février : « À partir du mois de mars, les troupes déployées au Mali devraient diminuer. » Une semaine plus tôt, le président Hollande avait déclaré : « Maintenant, les Africains peuvent prendre le relais. Ce sont eux qui iront dans la partie du Nord. »

De la même façon qu'au XIXe siècle, la compétition coloniale était émaillée d'intrigues qui ne remettaient pas en cause fondamentalement les règles du jeu, aujourd'hui les autres puissances modulent minimalement leur soutien, afin certes de limiter les dividendes que pourrait tirer leur allié de telle ou telle opération, mais sans remettre en question le principe de l'ingérence en soi. Aussi les positions qui s'expriment au sein de la « communauté internationale » au lendemain de l'intervention française sont-elles, elles aussi, marquées par une forte ambiguïté. Bien qu'ils se soient montrés réservés, voire critiques – début décembre 2012, l'ambassadrice américaine auprès des Nations unies, Susan Rice, déclare, en conclave à New York, à propos du plan français : « *It's crap* » (c'est foireux)... –, les États-Unis fournissent une aide militaire et financière à l'intervention française (et inaugurent simultanément l'ouverture d'une base de drones située au Niger). De même, l'Allemagne a d'abord entretenu l'ambiguïté dans son soutien à la France, avant de la soutenir elle aussi. La même logique s'applique aux pays de la région, notamment l'Algérie qui, en dépit d'une opposition publique au projet d'intervention, autorise le survol de son territoire. Cette dualité se retrouve enfin aux Nations unies : alors que son secrétaire général, Ban Ki-moon, prévenait le 28 novembre 2012 qu'une intervention militaire mal conçue et exécutée « pourrait aggraver une situation humanitaire déjà extrêmement fragile et entraîner également des graves violations des droits de l'homme », l'ONU soutient l'opération française quelques semaines plus tard, sans que celle-ci ne contienne de volet du règlement du sort des centaines de milliers de réfugiés et de déplacés internes dus à la crise.

Délitement des normes, désacralisation de la souveraineté

Structuré autour d'un interventionnisme desserré, le grand jeu auquel se prêtent, au début du XXIe siècle, les puissances occidentales a pour résultat premier d'entraver la construction de l'État postcolonial [8]. Cette *exemplarité négative* engendre également un interventionnisme régional qui se nourrit de ce délitement des normes, à l'image des opérations menées par l'Arabie saoudite au Yémen en décembre 2009 ou par le Conseil de coopération du Golfe à Bahreïn en mars 2011, de l'intervention de l'armée kenyane en Somalie en octobre 2011 ou, dans le cadre de l'opération Serval, de l'implication tchadienne au Mali en 2013. Apportant des réponses sécuritaires bancales à des équations complexes, ces intrusions mettent en avant un récit politique décliné sur le court terme. L'intervention française au Mali en 2013 consacre donc le paradigme sécuritaire cimenté par les États-Unis depuis la fin de la guerre froide, notamment en Afghanistan et en Irak, en même temps qu'elle introduit une nouvelle dimension, à savoir l'enthousiasme des acteurs au Sud pour l'ingérence. La question qui, néanmoins, se pose à tous demeure celle-ci : peut-on réintroduire la souveraineté de l'État lorsqu'on l'écorne toujours un peu plus ?

Au final, le nouveau « grand jeu » enfante la désacralisation de la souveraineté, la redéfinition des trajectoires des États, le remplacement de la thématique du « développement »

---

8 Ralph WILDE, « Colonialism redux ? Territorial administration by international organizations, colonial echoes and the legitimacy of the "International" », *in* Aidan HEHIR et Neil ROBINSON (dir.), *State-Building. Theory and Practice*, Routledge, New York, 2007, p. 29.

par celle de sécurité et l'établissement d'une relation causale entre fragilité, violence et performance de l'État postcolonial. Il faudrait désormais « réparer [9] » ces États « fragiles », « faibles » ou « faillis » – lesquels seraient devenus le « plus important problème pour l'ordre international [10] ». Oubliant que la faiblesse est une condition et non un choix, cette terminologie de la dangerosité des États aboutit à faire des sociétés, au Sud comme au Nord, des arènes « où la politique du désespoir et l'économie de la domination se combinent pour créer un mandat moral pour diviser et régner [11] ». Lorsque le président français déclare le 28 janvier 2013 que « nous sommes en train de gagner la bataille du Mali », échappe-t-il aux habitants de ce pays, que leur État n'est, dans une telle acception, qu'un simple champ de bataille ?

Fille d'un grand jeu réactualisé au cours des dernières décennies, la guerre au Mali participe à deux évolutions majeures : premièrement, la dégradation continue des normes internationales en matière de paix et de guerre au sein d'une architecture de plus en plus décrédibilisée mais qui s'impose néanmoins largement et avec quelque efficacité communicationnelle ; et, deuxièmement, la nature insaisissable des notions de victoire et de défaite qui ont désormais laissé place à un long pourrissement post-intervention, hypothéquant la consolidation de l'autorité de l'État que l'intervention était paradoxalement censée renforcer.

---

9 Seth Kaplan, *Fixing Fragile States. A New Paradigm for Development*, Praeger, Londres, 2008 ; Ashraf Ghani et Clare Lockhart, *Fixing Failed States. A Framework for Rebuilding a Fractured World*, Oxford, New York, 2008.

10 Francis Fukuyama, *State-Building. Governance and World Order in the 21st Century*, Cornell University Press, Ithaca, New York, 2004, p. 92.

11 Hamid Dabashi, *Brown Skin, White Masks*, Pluto Press, Londres, 2011, p. 6.

3

Pourquoi la France est-elle intervenue au Mali ?

Michel Galy

Le 11 janvier 2013, le président français François Hollande décide de lancer l'opération Serval au Mali. Un corps expéditionnaire est envoyé pour bloquer la descente de plusieurs groupes djihadistes avançant du nord du pays vers Mopti et Bamako. La couverture diplomatique et juridique semble discutable [1], d'autant plus que toute la stratégie française depuis un an visait officiellement à l'inverse de l'intervention directe de janvier. Il était question d'intervention indirecte, *from behind*, comme disent les stratèges américains. En appui, notamment logistique, et en complément des forces africaines, en particulier celles de la CEDEAO. Jamais il n'y aurait de « forces françaises au sol », précisait imprudemment François Hollande en octobre 2012 [2].

Cette stratégie correspondait à la volonté affichée du nouveau président français de « rompre avec la Françafrique »,

---

1 Voir la critique argumentée du juriste Adda Bekkouche sur le « blog du groupe Afrique » d'ATTAC France : « L'intervention militaire française au Mali et la légalité : brève analyse au regard des ordres juridiques international et nationaux », <http://blogs.attac.org>, 20 février 2013.

2 Interview donnée par François Hollande le 11 octobre 2012 à France 24 : « Pas d'hommes au sol, pas de troupes françaises d'une manière ou d'une autre engagées. »

comme il l'avait notamment proclamé à Dakar, devant l'Assemblée nationale sénégalaise, en octobre 2012. Certes, ce type de déclaration est devenu rituel dans la bouche des dirigeants français qui ne veulent plus être entachés par les relations malsaines, parfois occultes, qu'entretiennent depuis une cinquantaine d'années nombre de responsables politiques français avec leurs homologues africains. Mais bien des observateurs soulignaient des avancées notables depuis l'accession au pouvoir de François Hollande. Quelques heures après son discours de Dakar, ce dernier avait fait montre d'une ostensible distance avec le président congolais Joseph Kabila lors du sommet de la Francophonie qui se tenait alors à Kinshasa. Quelques semaines plus tard, en décembre 2012, le président français avait refusé de porter secours au président centrafricain François Bozizé, aux prises avec une rébellion armée, préférant appeler à l'« ouverture d'un dialogue entre les autorités centrafricaines et toutes les parties en présence, notamment la rébellion [3] ».

Alors que semblait se dessiner une nouvelle politique, que s'est-il passé pour que François Hollande envoie une fois de plus l'armée française dans une ex-colonie africaine, reprenant même le vocabulaire bushien et l'idéologie néoconservatrice américaine ?

Le 11 janvier et la guerre éclair franco-africaine

Pour comprendre cette rapide soumission à la realpolitik, il faut revenir en arrière et replacer l'intervention de janvier 2013 dans l'histoire des relations franco-maliennes et des interventions de la France en Côte d'Ivoire et en Libye – dont la crise malienne est largement une conséquence.

---

3 Cité *in* Agence France Presse, « Hollande appelle le président centrafricain à dialoguer avec la rébellion », *Libération*, 31 décembre 2012.

Reprendre les événements depuis que les indépendantistes touaregs du MNLA ont déclaré en janvier 2012 l'indépendance de l'Azawad, foyer d'un peuple touareg dispersé entre cinq pays et en révolte récurrente depuis l'époque coloniale. Comprendre aussi pourquoi une démocratie corrompue et des élections truquées ont mené à un putsch le 22 avril, bien accueilli à Bamako. Enfin prendre en compte la montée du wahhabisme dans la société malienne, facteur religieux qui explique aussi, au-delà des trafics d'armes, de drogue ou d'otages, la force des mouvements djihadistes à l'assaut d'un État malien en pleine déliquescence.

L'interprétation dominante insiste sur le fait que l'offensive éclair des principaux groupes djihadistes vers le sud, début janvier 2013, a pris de court et même à contre-pied observateurs, politiques et militaires tant maliens que français. Dès lors, la capitale Bamako étant menacée (il y réside environ 6 000 ressortissants français), il n'y aurait eu d'autre solution qu'un engagement rapide de l'armée française, bloquant puis détruisant les colonnes de pick-ups des groupes salafistes combattants, puis conquérant les trois villes du Nord-Mali (Gao, Tombouctou et Kidal), enfin traquant dans les déserts et montagnes de l'« Adrar des Ifoghas » les derniers combattants – ce qui correspond peu ou prou aux trois phases de cette guerre éclair.

Poussé par la France, le président intérimaire malien Dioncounda Traoré demande, le 9 janvier 2013, à François Hollande une « intervention aérienne immédiate » pour aider l'armée malienne à protéger la ville de Mopti [4]. Mais la France ne se contente pas de fournir un appui aérien : décision est prise, sans base légale, de déployer des milliers d'hommes au sol pour contrer les 2 000 ou 3 000 djihadistes combattants [5].

---

4 Vincent JAUVERT (avec Sarah HALIFA-LEGRAND), « Mali : histoire secrète d'une guerre surprise », blog « Affaires étrangères », *Le Nouvel Observateur*, 10 février 2013 (<http://globe.blogs.nouvelobs.com>).

5 Les chiffres annoncés des effectifs djihadistes sont très fluctuants, ainsi que l'évaluation de leur armement : autour de « noyaux durs » issus des *katibas* de diverses origines, des combattants en Libye ou de la légion touarègue et

C'est que la solution alternative prévue – les troupes africaines de la Mission internationale de soutien au Mali (MISMA) sous conduite africaine intervenant seules contre les djihadistes – était impossible à mettre en œuvre en un temps si restreint. En effet : la force militaire de la CEDEAO destinée à aider le Mali à recouvrer sa souveraineté et son intégrité territoriale avait peiné à se mettre en place (malgré le soutien du président ivoirien Alassane Ouattara et du président béninois Boni Yayi) et les partenaires occidentaux de la France rechignaient à suivre Paris sur le chemin de l'engagement. Il fallut donc attendre le 20 décembre 2012 pour que le Conseil de sécurité de l'ONU adopte la résolution 2085 autorisant le déploiement au Mali de la MISMA, composée de militaires issus des pays membres de la CEDEAO [6]. Entre-temps, malgré les dénégations officielles, la présidence française avait discrètement pris des dispositions : elle déployait depuis le mois d'août dans la région ses forces spéciales du Commandement des opérations spéciales (COS) – c'est l'« opération Sabre [7] » – et, comme l'expliquera *a posteriori* un officiel français, planifiait « une riposte française, aérienne et terrestre, à une éventuelle descente des djihadistes vers le sud [8] » – tandis que nombre d'observateurs ont affirmé que l'armée française, prise par

---

africaine de Kadhafi, se sont agglomérés plus ou moins temporairement des « volontaires » issus de la mouvance salafiste ou des jeunes des zones conquises. L'armement, issu majoritairement des stocks libyens, a été aussi récupéré (transports, canons, mitrailleuses lourdes) sur l'armée malienne défaite début 2012, notamment sur la base de Tessalit. Il semble que l'armement en missiles sol-air, hantise des stratèges occidentaux, ait été fictif ou fortement surévalué.

6 La MISMA comprendrait 8 500 hommes (en y intégrant 2 000 Tchadiens à partir de mars 2013) issus de neuf pays (Nigéria, Togo, Niger, Burkina Faso, Sénégal, Bénin, Guinée, Ghana, Côte d'Ivoire), dont peu sont équipés et opérationnels, à l'exception du contingent tchadien.

7 Jean-Dominique Merchet, « Mali : le COS est bien présent au Sahel... contrairement à ce que dit Laurent Fabius », blog « Secret défense », <www.marianne.net/blogsecretdefense>, 25 septembre 2012.

8 Vincent Jauvert (avec Sarah Halifa-Legrand), « Mali : histoire secrète d'une guerre surprise », *loc. cit.*

surprise, dut improviser à la hâte une intervention multiforme, mais efficace.

En trois mois, l'armée française a déployé une force d'intervention considérable (environ 5 000 hommes, dont 4 000 au Mali) dans un des pays les plus pauvres de la planète, à l'État effondré et à l'armée nationale profondément divisée et incapable de contenir l'offensive salafiste (l'armée malienne compterait 3 000 hommes plus ou moins opérationnels sur un effectif très théorique de 10 000 soldats). À l'aide d'un pont aérien puis d'un convoi maritime, ainsi que de renforts terrestres (notamment depuis la Côte d'Ivoire), l'armée française a mobilisé en un mois autant d'hommes qu'en Afghanistan. À l'exception du corps expéditionnaire tchadien (hors CEDEAO) très combatif, l'aide supposée de la MISMA, ainsi que de l'armée malienne, ne doit pas faire illusion : ces troupes ne peuvent agir que dans un stade ultérieur, notamment dans l'hypothèse maintes fois évoquée par le gouvernement français d'un retrait rapide du dispositif de l'opération Serval et de la substitution des troupes africaines à l'armée française.

De fait, ce sont bien des « supplétifs » – ce terme de l'époque coloniale, concernant les fameux « tirailleurs sénégalais », est couramment utilisé de manière critique par les observateurs de la série des guerres franco-africaines – inattendus qui ont aidé sur le terrain le corps expéditionnaire français : les Tchadiens et les Touaregs du MNLA. Les premiers, envoyés par le président Idriss Deby soucieux de se relégitimer auprès du nouveau pouvoir socialiste, sont parfaitement adaptés à l'environnement du Nord-Mali, proche de celui du Nord-Tchad, théâtre de nombreuses rébellions – Goukouni Oueddeï, Hissène Habré, Idriss Deby et leurs mouvements politico-militaires successifs y ont combattu – et même de combats internationaux si l'on considère le conflit franco-tchado-libyen autour de la bande d'Aouzou (1973-1987).

Relégitimée aussi, pour une partie de l'opinion publique française et internationale, l'existence de bases militaires françaises en Afrique, qui ont fourni des concours divers : Jaguars de la base tchadienne de l'opération Épervier qui ont bombardé les colonnes djihadistes ; forces spéciales régionales coordonnées depuis Ouagadougou par le COS ; mise à contribution des bases du Sénégal et du Gabon. Pour l'armée française, chaque guerre a ses caractéristiques internes et ses différents « corps » en sortent tour à tour renforcés, en période de réduction globale des crédits et des effectifs. À cet égard, la guerre au Mali semble confirmer un renforcement du rôle des forces spéciales du COS, dont l'implication dans l'opération Serval, dirigée par le général Grégoire de Saint-Quentin, a été décisive non seulement dans les premiers jours – pour le blocage, la destruction et le refoulement des colonnes djihadistes –, mais aussi dans la conquête des villes nordistes, enfin dans la traque en montagne des derniers combattants.

L'implication des Touaregs du MNLA est moins aisée à comprendre. Réclamant l'autonomie ou l'indépendance du Nord-Mali et allié des groupes djihadistes lors de leur offensive au début 2012, ce mouvement n'apparaît pas alors *a priori* comme un allié de choix pour les militaires français [9]. Les caractéristiques de « segmentarité » de la société touarègue (à la fois divisée en niveaux hiérarchiques adverses mais unie à un niveau supérieur), bien connues des anthropologues, passent en effet volontiers de la structure sociale au domaine guerrier, moyennant alors des alliances changeantes et de fréquents retournements d'allégeance. Pourtant, après que les forces françaises de l'opération Serval ont rapidement repris Gao et Tombouctou, c'est bien avec le soutien du MNLA et sans l'armée malienne qu'elles ont conduit, fin janvier 2013, l'assaut sur Kidal, dans l'extrême nord du Mali, ce qui a valu à ses dirigeants une reconnaissance implicite et ensuite une principauté fantôme dans cette ville. Mais si cet engagement du MNLA a été salué par certains médias français, cela n'a pas été

---

9 Pour une mise en perspective historique, voir André BOURGEOT (dir.), *Horizons nomades en Afrique sahélienne. Sociétés, développement et démocratie*, Karthala, Paris, 1999.

le cas des Maliens du sud, population et classe politique unanimes : qualifiés de traîtres, de fauteurs de guerre ou de fourriers d'un islamisme wahhabite conquérant, les Touaregs du MNLA ont été considérés à Bamako comme des ennemis de la nation. Au point que l'alliance franco-touarègue pourrait remettre en cause la perception initialement favorable de l'intervention française.

Quant à la « question des otages », si importante pour l'opinion publique française et un des arguments médiatiques pour l'intervention, elle a changé de nature avec l'adoption par Paris, en mars, d'une nouvelle doctrine, refusant tout paiement de rançon. S'ils ne sont pas sacrifiés, les otages passent de toute évidence au second plan, ne dictant plus politique extérieure et intervention militaire – au risque qu'un massacre retourne l'opinion.

Présentées maladroitement par les porte-parole de l'armée française comme une nécessaire « reconquête » du Nord-Mali, les dernières phases de l'intervention militaire ont pourtant des significations politiques bien différentes. La poussée djihadiste vers Mopti et Bamako rendait certainement indispensable l'intervention Serval initiale, mais non les phases ultérieures. Ce qui ne veut pas dire légale au regard du droit international, ni légitime par rapport au pouvoir contesté du président malien par intérim Dioncounda Traoré, ex-président de l'Assemblée nationale, plus reconnu à l'extérieur qu'accepté par le monde politique malien ou la société civile [10].

La prise de Gao, Tombouctou et Kidal, d'autant plus aisée que les groupes djihadistes se sont retirés sans combattre, se place en revanche dans une logique de conquête territoriale sans mandat onusien explicite. Et la traque des « terroristes » en zone

---

10 Sa désignation, après la chute d'ATT le 22 mars 2012 et l'abandon du pouvoir par la junte du capitaine Sanogo, se fonde pour ses partisans sur l'accord-cadre de Bamako d'avril 2012, sous tutelle de la CEDEAO et d'inspiration française. Mais les élections « sous les quarante jours » selon la Constitution n'ayant pas eu lieu, les adversaires de Dioncounda Traoré considèrent illégitime son pouvoir de fait.

montagneuse, outre le fait qu'elle a été mal perçue à Alger (notamment l'occupation française de la base frontalière de Tessalit), semble d'une utilité discutable dès lors que nombre de combattants se sont fondus dans la population malienne et risquent de revenir sur Bamako comme ils l'ont fait sur Gao – tandis que d'autres se sont repliés au Niger, en Algérie, en Mauritanie ou au Burkina Faso, notamment dans les camps de réfugiés, aggravant la menace d'une guerre nomade en expansion. D'autant plus que la rhétorique bushienne de François Hollande et de son gouvernement entretient ce risque d'installation dans toute la région d'une situation durable de « guerre sans fin » [11], ce qu'à l'évidence la France ne peut se permettre. Enfin, la prophétie au début erronée d'une base islamiste menaçant l'Europe depuis le Nord-Mali deviendrait alors autoréalisatrice et pourrait effectivement concerner le territoire français.

La guerre au Mali, au-delà de la Françafrique

Comprendre le contexte malien ne suffit pas : les quarante-huit interventions françaises en Afrique depuis 1960 (date des « indépendances » de beaucoup de pays francophones) s'inscrivent dans la longue durée de la « Françafrique ». De plus, l'intervention au Mali ne peut s'expliquer sans les guerres menées depuis les années 2000 en Côte d'Ivoire et en Libye : pour beaucoup d'observateurs, le conflit malien est une conséquence directe d'une aventure libyenne mal gérée dans ses suites régionales (transfert d'armes et de groupes armés sur le sol malien) tout autant que de l'effondrement du pouvoir politique à Bamako [12].

---

11 Sur cette notion, voir Alain Joxe, *Les Guerres de l'empire global. Spéculations financières, guerres robotiques, résistance démocratique*, La Découverte, Paris, 2012.

12 Le sort des combattants touaregs au Mali, accueillis avec armes et bagages par le président ATT et rapidement entrés en rébellion, s'oppose à leur désarmement, contrôle et intégration au Niger proche. Pour autant, ce « pays

La Françafrique – concept repris par François-Xavier Verschave [13] à… Félix Houphouët-Boigny, dans une acception critique bien différente ! – pourrait se définir par l'intrication complexe de différents facteurs : indépendance formelle des ex-colonies africaines et dépendance politico-militaire vis-à-vis de Paris, monopole français des matières premières, liens économiques et monétaires privilégiés et présence de « coopérants » ; cette « indépendance » dans l'interdépendance paraît l'essence du pacte colonial [14]. Le tout au détriment des peuples africains qui ont subi sans être consultés – pas plus, du reste, que le peuple français, soigneusement tenu à l'écart de décisions prises dans le huis clos de l'Élysée et sans contrôle parlementaire – les conséquences de ce néocolonialisme et des interventions militaires qui l'ont accompagné. À la suite de l'historien italien Gian Paolo Calchi Novati [15], on a pu présenter sur la longue durée cette « guerre à l'Afrique » [16] discontinue, déclinée en conflits spécifiques comme celui du Mali, comme un système de gouvernance et pas seulement comme une perversion de « coups tordus », de réseaux politico-affairistes tels ceux de Jacques Foccart, le « Monsieur Afrique » du général de Gaulle, et de soutien aux dictatures locales.

Ainsi, quelles que soient les justifications immédiates des conflits récents, force est de constater que la continuité prévaut et que la France est bien en retard d'une décolonisation, même si ce système n'a cessé d'évoluer depuis l'époque de Jacques Foccart : alors qu'il dégénérait en partie dans une forme de

---

frère » serait un des plus rapidement touchés par une extension du conflit malien, la population touarègue nigérienne étant profondément solidaire des indépendantistes maliens.

13 François-Xavier Verschave, *La Françafrique. Le plus long scandale de la République*, Stock, Paris, 1998.

14 Voir notamment Albert Bourgi, « La crise globale et l'Afrique : quels changements ? », colloque de la Fondation Gabriel Péri à Dakar, 18 et 19 mai 2010.

15 Gian Paolo Calchi Novati, « L'héritage de la colonisation », *in* Michel Galy et Elena Sanella (dir.), *Les Défis de l'État en Afrique*, L'Harmattan, Paris, 2007.

16 Michel Galy, « Guerre à l'Afrique ? La France en retard d'une décolonisation », *Grotius international*, 30 septembre 2012.

criminalité, comme l'ont notamment illustré l'affaire Elf ou l'« Angolagate », la rhétorique officielle française a tenté de « moraliser » les relations franco-africaines en insistant en particulier sur la nécessaire « démocratisation » des régimes partenaires, sur la « bonne gouvernance » ou sur la « transparence ».

Dans ce cadre, le Mali, qui avait partiellement échappé au système françafricain sous la présidence de Modibo Keïta (1960-1968) – celui-ci avait notamment refusé de signer des accords de défense avec la France –, fut présenté comme un « modèle » dans les années qui suivirent le renversement, en mars 1991, du dictateur Moussa Traoré (1968-1991). Les présidences d'Alpha Oumar Konaré (1992-2002) et d'Amadou Toumani Touré (2002-2012) renvoyaient une image positive de l'Afrique francophone. Contrairement à la plupart de leurs homologues, les élites politiques maliennes se pliaient au verdict d'élections apparemment régulières et acceptaient, bon gré mal gré, les sévères mesures néolibérales imposées, sous prétexte de désendetter le pays, par leurs partenaires occidentaux et les institutions financières internationales.

Mais, derrière la façade, la situation sociale, politique et sécuritaire ne cessait de se dégrader : misère économique des populations, corruption endémique des élites, dysfonctionnements de l'appareil militaire, résurgences des rébellions au nord du pays... Ces facteurs conjugués expliquent l'écroulement de l'État malien en 2012 : percée des groupes armés touaregs et djihadistes au Nord-Mali en janvier, renversement d'Amadou Toumani Touré par le capitaine Amadou Haya Sanogo en mars, installation sous la pression de la « communauté internationale » d'un président intérimaire, Dioncounda Traoré, en avril, etc. Nombre d'observateurs ont souligné la lourde responsabilité de la France dans la genèse de la crise malienne, comme par exemple Danièle Rousselier, attachée culturelle à Bamako de 2007 à 2009 : « Au nom de la "bonne gouvernance", nous avons été complices d'un État malien prédateur, appuyé sur une "société civile" artificielle profitant de la faiblesse et de la corruption du régime pour s'enrichir à vive allure sur le dos du pays [17]. »

Dans ce contexte, les campagnes de presse et l'instrumentalisation des médias semblent un préalable à l'intervention diplomatique et politique, avant l'intervention militaire elle-même. C'est dans le même souci de « maquillage », et singulièrement pour masquer le caractère néocolonial de la politique française, que l'on peut ranger la volonté croissante de la France d'impliquer politiquement, financièrement et militairement ses partenaires, africains et occidentaux, dans ses interventions militaires à l'étranger, en particulier dans ses anciennes colonies africaines.

C'est ce qu'ont illustré récemment les interventions en Côte d'Ivoire et en Libye, mais qui a pris des traits spécifiques au Mali. Reste que le président Alassane Ouattara à Abidjan, le nouveau pouvoir à Tripoli [18] ou le président malien par intérim Dioncounda Traoré ont bien en commun d'avoir été adoubés par Paris et de représenter un ordre néolibéral assez fragile : ce sont avant tout des « candidats de l'étranger », à la légitimité faible. L'instrumentalisation diplomatique des instances internationales les rapproche encore, ainsi que la subversion par les autorités françaises de résolutions du Conseil de sécurité qui frôle parfois la forfaiture, discréditant pour beaucoup la fameuse « responsabilité de protéger » adoptée à l'ONU en 2005 [19].

---

17 Danièle Rousselier, « Au Mali, la France a favorisé une fiction de démocratie », *Libération*, 5 mars 2013.

18 Voir Lindsey Hilsum, *Sandstorm. Libya in the Time of Revolution*, Penguin Press, Londres, 2012, notamment pour la légion touarègue et l'« écriture franco-britannique » des résolutions du Conseil de sécurité.

19 La résolution 1973 pour la Libye et 1975 pour la Côte d'Ivoire sont en effet fondées sur la « protection des civils » contre les « armes lourdes » du régime en place. Leur application fut à ce point contestable que l'Afrique du Sud, la Russie et la Chine s'en émurent : envoyer des forces spéciales au sol en Libye et tuer de manière ignominieuse Kadhafi, bombarder à Abidjan les lieux de pouvoir (présidence, résidence, camps militaires...) et l'hôpital ou la cité universitaire, au prix d'un nombre indéterminé de victimes civiles, sortait de toute évidence du mandat onusien.

Instrumentalisation des médias forgeant un pseudo-consensus, grandes manœuvres diplomatiques internationales, textes juridiques approximatifs font ainsi contraste avec l'utilisation de la force militaire brute : à l'instar de la pensée unique en économie, la machine politique et médiatique place l'opinion française – les médias internationaux sont en général plus nuancés, qui ont par exemple bien analysé la continuité coloniale du « coup d'État franco-onusien » en Côte d'Ivoire – dans la seringue d'une solution unique, violente et radicale. Peu importent l'avant et l'après, le contexte géopolitique et l'histoire : l'intervention militaire, et elle seule, s'imposerait.

Enjeux français et mise sous tutelle du Mali

Faut-il pour autant diaboliser Paris ? Certes, quand le politologue Jean-François Bayart analysait, trois ans après la victoire de 1981, la « politique africaine de François Mitterrand [20] », il mettait déjà en avant de surprenantes continuités entre gouvernements de droite et de gauche dans la conduite des « affaires africaines ». Ne faudrait-il pas se référer, pour le Parti socialiste, à l'héritage de la SFIO, notamment le « mollétisme » de triste mémoire ? On se souvient qu'en 1956, le président du Conseil Guy Mollet était passé d'un langage très marxiste à un engagement militaire très répressif en Algérie.

Et quand François Hollande justifie l'intervention au Mali par la « guerre au terrorisme » international, cela rappelle évidemment la rhétorique bushienne de son prédécesseur, dans la filiation néoconservatrice nord-américaine des interventions militaires dans les pays du Sud. Si on comprend bien la volonté du président français de ne pas employer un lexique associant l'islam aux « ennemis de la démocratie », il n'en demeure pas

---

20 Jean-François Bayart, *La Politique africaine de François Mitterrand*, Karthala, Paris, 1984.

moins que cette régression théorique et politique est à bien des égards inquiétante. Car cette propagande guerrière contribue à simplifier, voire à occulter, la complexité d'une réalité malienne marquée par l'influence du wahhabisme, les sympathies pour la charia, l'enracinement dans un terreau associatif de certains groupes islamistes combattants, par désespoir de la corruption d'un système électif décomposé [21].

La « mise sous tutelle » du Mali par le gouvernement socialiste français [22] – s'inscrivant dans la continuité de la politique de Nicolas Sarkozy qui avait apporté la caution française à un modèle de développement en échec, à des élections truquées et à une corruption généralisée –, effectuée grâce aux relais complaisants de la CEDEAO, de l'Union africaine et de l'ONU, a montré ses limites début janvier devant les difficultés à faire légitimer l'intervention militaire par le président par intérim. Pour autant, même si cette intervention (sauf l'alliance tactique franco-touarègue) a été favorablement perçue par une grande majorité de la population – à l'exception notable de la gauche radicale et du courant wahhabite –, maints éléments attestent de cette mise sous tutelle : préparation française des décisions onusiennes concernant le Mali ; administration directe des zones militaires ; remplacement, fin mars 2013, d'un ambassadeur influent au ton de proconsul, Christian Rouyer, par un ancien gendarme passé par Saint-Cyr, Gilles Huberson ; insistance de Paris à décider des dates de la présidentielle (François Hollande s'est déclaré « intraitable » sur la tenue d'élections « à la fin du mois de juillet [23] ») ; réforme

---

21 Voir Gilles Holder, « Vers un espace public religieux : pour une lecture contemporaine des enjeux politiques de l'islam en Afrique », *in* Gilles Holder (dir.), *L'Islam, nouvel espace public religieux en Afrique*, Karthala, Paris, 2009.

22 Voir Michel Galy, « Mali, les dangers d'une mise sous tutelle », *Grotius international*, 1er avril 2013.

23 « Mali : Hollande veut des élections en juillet, retrait français programmé », *Libération*, 28 mars 2013.

franco-européenne de l'armée ; contrôle des alliances stratégiques et diplomatiques du Mali…

En avril 2013, la tentation semblait d'ailleurs grande pour certains milieux français d'aller plus loin : « calmer le jeu » à Bamako, c'est-à-dire empêcher toute contestation de rue du processus prévu, « éliminer Sanogo », « détruire les terroristes », autant de propos qui n'auguraient pas d'une grande liberté de la classe politique ni de la société malienne. L'intervention ira-t-elle jusqu'à un contre-coup d'État à Bamako, annihilant toute opposition aux volontés de Paris ? La mise sous tutelle de fait ira-t-elle jusqu'à réprimer la société civile, voire le monde politique bamakois ?

L'enjeu est donc d'ordre géopolitique : il s'agit bien pour la France de conserver une aire d'influence en Afrique, quitte à mettre sous tutelle les États, à cautionner des pouvoirs sans légitimité : après la Côte d'Ivoire, le Mali ? Par ailleurs, à une époque d'austérité budgétaire et de restrictions drastiques du budget de l'armée, le coût de l'opération Serval, estimé à 200 millions d'euros pour quatre mois, doit-il être supporté seulement par la France ? C'était l'un des enjeux de la réorientation opérée par Paris au premier trimestre 2013, qui revenait au premier scénario politico-militaire : retrait français, multilatéralisation par l'intervention d'une force onusienne d'environ 12 000 hommes, qui, outre les contingents ouest-africains et tchadiens déjà engagés, recruterait 6 000 soldats supplémentaires dans les pays du Sud. Ce schéma, qui ne laisserait qu'un contingent de 1 000 militaires français sous commandement autonome de Paris, permettrait en principe un financement onusien. Mais l'ONU et son secrétaire général s'y opposaient discrètement, car l'imposition de la paix par la force n'est pas une mission onusienne, même si les règles d'engagement et la nature des forces peuvent évoluer.

Enfin, des élections précipitées et sous occupation pourraient-elles être vraiment libres et légitimes ? Faute d'un véritable « Plan Marshall » pour le Mali, qui s'appuierait sur la société civile et non sur des programmes imposés de l'extérieur, et sans une lutte résolue contre la corruption et les trucages électoraux, les mêmes événements produiront les mêmes effets et entretiendront les causes profondes de la crise malienne.

Le Mali a d'ailleurs ses propres conceptions du leadership : État, République, élections y ont des connotations fort différentes en langues nationales. Un « détour », selon une expression chère à Georges Balandier, s'impose ici pour comprendre les perceptions maliennes de la crise. L'anthropologue malien Shaka Bagayogo a analysé dans un article fameux la perception du pouvoir *fanga* en bambara [24] et, de manière plus large, la représentation populaire du politique, dont les « traductions » des termes français du pouvoir sont non seulement une réinterprétation, mais encore un autre programme des rapports entre le pouvoir et les individus. Le pouvoir *fanga* est celui de la « force » et du charisme, incarné dans les conceptions et la mémoire populaire de Bamako par Modibo Keita en tous sens fondateur et « père de l'indépendance », jusqu'à refuser en son temps des accords de défense avec la France.

---

24 Shaka Bagayogo, « L'État au Mali : représentation, autonomie et mode de fonctionnement », *in* Emmanuel Terray (dir.), *L'État contemporain en Afrique*, L'Harmattan, Paris, 1987.

4

Quelques traits du Mali en crise

Jean-Louis Sagot-Duvauroux*

Bamako, 21 mars 2012. Un groupe de soldats excédés par la gabegie qui désorganise l'armée décide de marcher sur le palais de Koulouba, siège de la présidence de la République. Deux mois plus tôt, une centaine de leurs compagnons d'armes ont été exécutés dans la petite localité saharienne d'Aguelhok, non loin de la frontière algérienne. Les malheureux ont été abandonnés sans munitions face à l'alliance éphémère d'indépendantistes touaregs et de desperados salafistes qui défient l'État malien. Les jeunes militaires qui marchent sur la présidence veulent des explications : ils ne seront pas la chair à canon de la guerre qui vient d'éclater au nord du pays. La jacquerie, rejointe par quelques officiers subalternes, n'a qu'une vague idée de ses objectifs. L'homme dont elle a fait son chef, le capitaine Amadou Haya Sanogo, reconnaîtra après coup que les mutins ont décidé en cours de route d'« en profiter » pour prendre le pouvoir. Instructeur d'anglais au prytanée militaire de Kati après une formation aux États-Unis – il aime arborer un insigne du corps des

* Essayiste et dramaturge, cofondateur de BlonBa, structure artistique bamakoise.

marines US sur son uniforme malien –, le capitaine Sanogo est alors inconnu du grand public.

Au cours des heures, la mutinerie se transforme en coup d'État. Le président Amadou Toumani Touré est chassé du palais sans vraie résistance. Celui que les Maliens ont pris l'habitude de nommer ATT était pourtant le symbole de la « démocratie à la malienne ». En 1991, c'est cet officier parachutiste qui interrompt la dérive sanglante du pouvoir militaire que dirige depuis 1968 le général Moussa Traoré. Président d'une « transition » qui dure depuis un an, il cède son fauteuil à Alpha Oumar Konaré, un des leaders du mouvement démocratique, après des élections pluralistes. En 2002, il lui succède pour deux mandats de cinq ans. L'opinion lui reproche la corruption qui ronge le pays, le goût du compromis où se dissolvent les meilleures intentions, mais reconnaît qu'il a sérieusement amélioré la voirie ou répandu les Centres de santé communautaires (Cescom). Le coup d'État dont Amadou Haya Sanogo a pris la tête brise l'icône. L'élection présidentielle de 2012 à laquelle, conformément aux dispositions constitutionnelles, ATT ne se représentait pas aurait dû avoir lieu le 29 avril 2012. Six semaines plus tard ! L'armée, déstabilisée par ces événements, cède en quelques heures devant les narco-djihadistes qui s'installent dans les grandes villes du nord.

En dépit de ses conséquences immédiates catastrophiques et des condamnations internationales qui pleuvent, l'équipée suscite une approbation populaire inquiète et mesurée, mais réelle. On déplore les pillages dont les putschistes se rendent coupables, mais on comprend les pillards, on les envie parfois. L'armée en fuite ? C'est un crève-cœur, mais pourquoi risquer sa peau quand l'absence de confiance dans l'institution donne à croire que le sacrifice est inutile ?

Tensions au nord

Depuis l'indépendance, obtenue en 1960, les trois régions septentrionales du Mali, dont le territoire est très majoritairement désertique, connaissent des soubresauts. Beaucoup de Touaregs reprochent à l'État de délaisser le développement d'un territoire partagé avec des Songhays, des Peuls, des Arabes, des Bamanans (Bambaras). Plus que de discrimination ethnique, il s'agit d'un effet de l'éloignement conjugué à la corruption : plus le bénéficiaire officiel d'une « aide » est éloigné de sa source, moins les voraces postés sur la route en laissent à disposition. À cela s'ajoutent des préjugés tenaces qui prennent racine dans l'histoire. Dans beaucoup de campements, les « Bella », membres de la communauté touarègue mais descendants des captifs, assurent dans des conditions moralement et physiquement dégradantes les tâches subalternes. Ils sont de peau noire. Cet héritage entretient de part et d'autre le mépris, le ressentiment, la méfiance.

Pendant les années ATT, les révoltes marquent le pas. C'est dû à une politique opiniâtre d'arrangements au coup par coup, de négociations au jour le jour, de complicités improbables qui, au nord comme au sud, sont la marque de fabrique d'un président expert en consensus. La partie septentrionale du Mali devient un théâtre d'ombres où se mêlent trafic d'armes et de drogue, concentrations de narco-djihadistes, enlèvements d'otages, aide internationale, corruption, opérations de développement... Un événement marque l'opinion malienne et l'humilie : en début novembre 2009, un Bœing vénézuélien bourré de drogue atterrit dans le désert à 200 km au nord de Gao. Dans l'impunité. Le chargement est suffisamment juteux pour justifier le sacrifice de l'appareil. L'opération est trop spectaculaire pour ne pas bénéficier de complicités « officielles ». Adossé aux « accords d'Alger » signés en 2006 entre l'État malien et les rebelles touaregs, un équilibre précaire s'est établi, où chacun semble avoir trouvé son compte. Ce que la répression d'État ou le culte de l'unité nationale étaient impuissants à réaliser, les petits arrangements l'ont fait.

Cette bonace est balayée par des événements en partie aléatoires. En 2011, la chute du régime libyen de Mouammar Kadhafi contraint ses mercenaires touaregs à rentrer au pays. À la faveur des troubles, ils se sont lourdement armés. Le rapport de forces militaires en est ébranlé. Fidèle à lui-même, le président Amadou Toumani Touré tente bien de se concilier les nouveaux arrivants, qui reçoivent des subsides substantiels, sans même être désarmés. Cependant, la tentation de rebattre les cartes est trop forte. En janvier 2012, les petites localités sahariennes de Tessalit et Aguelhok tombent aux mains des « Libyens » du Mouvement national de libération de l'Azawad (MNLA). À Bamako, l'improbable coup d'État d'un groupe de soldats en colère achève de désorganiser le montage arrangé au cours des ans.

Yuruguyurugu *: ce que le mot « corruption » ne dit pas*

Dans la langue bamanan (bambara), la plus parlée du Mali, les faits de corruption sont désignés par le vocable expressif de *yuruguyurugu*. Le mot français corruption évoque le pourrissement, ce qui suppose l'antériorité d'un corps sain. *Yuruguyurugu* signifie magouille, trafic, arrangement douteux. La différence des approches n'est pas fortuite. L'État administré et ce qui est présenté comme son aboutissement, l'État démocratique représentatif, sont enfants de l'histoire politique de l'Occident. Son État, tout naturellement, l'Occident y croit, souvent même le fétichise. Pas l'Afrique. Elle a des raisons pour cela. La première école ouverte par l'occupant français sur le territoire de l'actuel Mali est baptisée « école des otages ». On y scolarise de force les fils de chefs que l'on compte substituer à leurs pères incommodes après quelques années de lavage de cerveau. À l'indépendance, le Mali ne compte qu'un seul lycée d'enseignement général et quatre cents kilomètres de routes goudronnées. Les romans et les mémoires d'Amadou Hampâté Bâ fourmillent d'anecdotes où l'on voit les sujets coloniaux ruser et tromper une administration vécue comme un corps étranger et qui ne songe même pas à se hisser, comme en métropole, sur les cothurnes de l'intérêt général. Face au pouvoir de l'occupant, le *yuruguyurugu* apparaît comme une forme de résistance.

Les Maliens sont très attachés à la souveraineté de leur pays. Deux institutions – le drapeau, l'hymne national – sont passionnément honorées, au point qu'ils peuvent constituer le climax de concerts de rap ou de rencontres amicales. « Mali ! Mali ! Mali ! Mali ! », crient les habitants de Tombouctou et de Gao quand leurs villes sont libérées des occupants salafistes et des promoteurs de l'Azawad. La nation se constitue, mais l'État n'a jamais vraiment pris. Ce corps mort tombé des bivouacs coloniaux est une proie. *Sama sogo*, la viande de l'éléphant, disent les bamanans. Personne n'y croit, ni le fonctionnaire ni l'administré. Dans un pays où la faim reste une hantise, d'une personne qui vient d'obtenir un bon poste, on dit qu'elle va pouvoir « bouffer ».

Ce qui est surprenant n'est pas qu'un tel État se soit si rapidement écroulé, c'est plutôt que la société ait tenu malgré cet État. Deux facteurs assurent cette « tenue ». Comme une onde de fond invisible au monde extérieur, mais explicite dans l'entre soi des consciences, un certain nombre d'institutions endogènes vécues comme fiables et bénéfiques maintiennent une cohésion réelle et contrôlent les débordements. Ainsi, la fameuse « solidarité africaine » répond à des règles précises, instituées, intériorisées de vie collective auxquelles il est délicat de se soustraire. Et puis, avec une tonicité remarquable, au défaut d'institutions en charge de l'intérêt général se substitue un système généralisé d'arrangements privés, une négociation permanente et consentie qui établit une certaine stabilité, une certaine efficacité dans l'exercice des grandes fonctions sociales. Le *yuruguyurugu* est le versant trouble d'un système d'arrangements, qui sait aussi être efficace et de bon aloi. Ce que la corruption met en négociation, c'est la souveraineté de l'État. Les prérogatives publiques sont privatisées par leurs dépositaires. L'entreprise privée du policier véreux est le carrefour où il rançonne les usagers de la route. L'entreprise privée de la secrétaire administrative indélicate est la porte du directeur, qu'elle n'ouvre pas sans une obole. L'entreprise privée de l'enseignant intéressé est le passage dans la classe supérieure, celle du maire aux dents longues l'attribution des terrains constructibles, celle du ministre cupide la souveraineté du pays sur ses ressources minières... Ce commerce est parasitaire. Il consiste à créer des entraves artificielles et à les lever moyennant finances. Mais il participe au système généralisé des arrangements qui « tient » la société. C'est grâce au *yuruguyurugu* que le douanier corrompu paye l'ordonnance de son cousin paysan et pallie ainsi l'absence d'assurance-maladie.

Loi des armes, loi divine ou loi du peuple ?

Ce système d'arrangements n'empêche pas et sans doute protège pour une part une croissance soutenue qui, avant la crise, approchait les 6 %. Le Mali, longtemps considéré comme « un des pays les plus pauvres du monde », une appréciation qui exaspère les Maliens, était remonté à la 25e place dans le classement des cinquante-trois pays africains établi par l'hebdomadaire *Jeune Afrique*. La ville de Bamako se modernise d'année en année. Malgré la très mauvaise qualité de l'école, la scolarisation se généralise et touche désormais les deux tiers des enfants. Les centres communautaires de santé se répandent. Mais la grande pauvreté subsiste – 1,5 million d'habitants souffrent de malnutrition, soit 10 % de la population totale – et surtout, le *yuruguyurugu*, omniprésent, est source d'injustices, d'inégalités, de blocages, de gâchis tels que tout en sort abîmé, sali.

Quelle issue à la déconsidération qui frappe la classe politique ? La tentation de la coercition par les armes ? Il y avait de ça dans la sourde approbation qui avait d'abord entouré l'équipée du capitaine Sanogo. Mais le Mali a connu vingt-trois ans de stagnation sous la dictature militaire. Beaucoup s'en souviennent. Après la chute de ce régime, les autorités élues gèrent la domestication des hommes en uniforme en marginalisant leur puissance et en favorisant les appétits privés plutôt que la foi patriotique. Avec ses quatre-vingt-deux généraux, ses soldats mal payés, mal équipés, son affairisme, ses anciens rebelles rentrés dans le rang en échange d'épaulettes galonnées, ses rivalités, l'armée est à l'image des autres corps de l'État. Peu enthousiasmante.

La religion, de plus en plus visible, apparaît comme une autre échappatoire. Quand les lois humaines se discréditent elles-mêmes, une nation très majoritairement croyante peut souhaiter le recours aux lois divines. L'action victorieusement menée en 2011 par les organisations islamiques contre un code du mariage, voté par l'Assemblée nationale, qui consacrait l'égalité des époux avait été un coup de semonce, tout comme le meeting qui a rassemblé le 12 août 2012 quelque 60 000 personnes au Stade du 26 mars, à Bamako, à l'appel du Haut Conseil islamique du Mali (HCIM) soucieux de placer la phase de « transition » ouverte par le coup d'État du 21 mars 2012 sous l'influence des mosquées. Cette organisation réunit les diverses mouvances de l'islam malien, mais est présidée par Mahmoud Dicko, un imam se réclamant du wahhabisme, pour qui l'invocation de la « charia » est loin de constituer un repoussoir. Or, dans un pays très majoritairement musulman, où le respect des convenances est considéré comme une vertu cardinale, beaucoup hésitent à prendre de la distance avec la parole religieuse officielle. Mais l'ordre salafiste imposé dans les villes du nord a mis dans l'embarras jusqu'aux plus ardents. Le prêcheur le plus populaire du pays, Chérif Ousmane Madani Haïdara, puise son inspiration spirituelle dans la tradition millénaire du soufisme, très ancrée au Mali, et affirme qu'appliquer les préceptes religieux est affaire de foi et non de loi. Ses prédications passionnément suivies amorcent une théologie compatible avec la laïcité, dont il est explicitement partisan. Elles lui valent de remplir les stades et d'être menacé de mort par les djihadistes. Sur les réseaux sociaux et même dans les conversations, on voit poindre des opinions de libres penseurs qui hier se seraient autocensurés. Le principe de laïcité de l'État connaît un regain de popularité, même quand l'État laïque est méprisé. Ambivalence de la crise.

Azawad : une chimère à géométrie variable

En octobre 2011, le régime du Libyen Kadhafi tombe sous les bombes occidentales et la révolte d'une partie du peuple. Le fantasque dictateur s'était entouré de combattants touaregs. Ceux-ci se retrouvent sans emploi, s'emparent des armes qu'ils peuvent dans les entrepôts éventrés, rentrent dans leurs pays d'origine. Au Mali, leurs prétentions prennent la forme d'une chimère. Sous le nom d'Azawad, ils revendiquent la sécession, sous leur bannière, des régions de Gao, de Tombouctou, de Kidal et d'une bonne partie de la région de Mopti. Les autres habitants de la zone, plus nombreux, ne sont pas demandeurs et nombre d'observateurs se posent la question de savoir comment un tel État survivrait à une élection libre. Les dissidents salafistes d'Ansar Eddine ne s'y trompent d'ailleurs pas. Ils appellent de leurs vœux et de leurs armes, sur toute l'étendue du Mali, une tyrannie religieuse où leur interprétation de l'islam et la loi des gangs de la drogue s'imposeraient à tous. Lorsqu'il s'empare de Gao, le MNLA y installe l'insécurité – pillage des banques et des administrations, vols, viols, arbitraire généralisé – ce qui, dans un premier temps, assure une certaine popularité aux narco-djihadistes du MUJAO, leurs alliés d'hier, qui les en chassent. Tantôt Azawadiens irréductibles, tantôt Maliens de raison, tantôt alliés des salafistes, tantôt supplétifs autoproclamés d'une armée française engagée « contre le terrorisme », déclencheurs d'une crise qu'ils ne maîtriseront jamais, les chefs du MNLA donnent, à travers ces contorsions, une démonstration caricaturale de la façon dont le système des arrangements réagit aux variations du rapport de forces.

Cependant, les armes libyennes ne règlent pas la question de fond : comment va recommencer à vivre ensemble une société où s'imbriquent des éleveurs nomades dont le savoir-faire irremplaçable valorise une des zones les plus arides de la planète et des sédentaires urbains ou ruraux sans lesquels la vie pastorale manquerait de tout ? Concrètement impraticable, sauf à obtenir la soumission durable d'une grande majorité des habitants attachés au Mali, l'État de l'Azawad revendiqué par le MNLA est à l'image des « solutions » institutionnelles adoptées bon gré mal gré par les nations africaines : copier-coller d'un ordre politique – ici l'État national – inventé par d'autres dans un cadre historique et social d'une tout autre nature. Les appels à la négociation sont raisonnables. L'établissement de réseaux stables et fraternels est en effet possible et souhaitable. Depuis des siècles, les uns et les autres usent de processus institutionnels endogènes pour se retrouver après l'orage. L'histoire présente montre que ces chemins anciens ne suffisent plus. Ils indiquent cependant une voie plus féconde que l'idée d'« un État par ethnie ». Reste à en inventer les formes nouvelles.

Le Web contre l'esprit de défaite ?

Quatre-vingts ans d'occupation étrangère, c'est long. Quatre-vingts ans où les générations fomentent et se transmettent les ruses de vaincus qui permettent de survivre. Quatre-vingts ans où s'intériorise un état de subordination auquel le colonialisme donne une interprétation raciale, naturelle, biologique. La *nyengoya* est un vice partout présent, partout mis en débat, partout condamné. La langue française n'a pas d'équivalent exact. Égoïsme ? Jalousie ? Bassesse ? Il y a quelques années, l'émission « À nous la citoyenneté », diffusée sur la chaîne de télévision nationale (ORTM), en a donné une figure qui en quelques jours s'est invitée dans tous les échanges. Un personnage du nom de Banyengo supplie une divinité de le sortir de la misère. Le fétiche accepte, mais à une condition : tout ce qu'il lui accordera, il en donnera le double à son ami. Une villa à Banyengo, deux à son ami ; cent bœufs à Banyengo, deux cents à son ami... Banyengo réfléchit, réfléchit. Il répond : *n'nyè kélén ci* ! Crève-moi un œil ! On peut identifier ce réflexe très répandu, très bien identifié, comme une conséquence de la longue défaite : convaincu de ne pas être apte à la grandeur, je mets ma virtuosité dans la petitesse ; plutôt que de voir quelqu'un s'élever, même sans me nuire, je préfère provoquer sa chute et la mienne.

Une situation nouvelle, qui n'est pas morale, ni directement politique, vient néanmoins perturber ces stratégies mortifères et bouillonne sous le couvercle : l'avènement de la cybergénération. Le téléphone cellulaire relie désormais les campagnes les plus reculées au reste du monde, aux parents partis en émigration notamment, et Orange est le premier contribuable du Mali. Pour 300 francs CFA (0,45 euro), les « cybers » offrent une heure d'accès aux accros de Google et de Facebook. L'attrait provoqué par ces nouveaux médias et la simplification orthographique qu'ils autorisent partout façonnent une nouvelle *koïnè* francophone où les jeunes Africains prennent toute leur place. On se demande parfois si le goût de se faire des « amis » sur Facebook ne contribue pas davantage à l'apprentissage de la lecture et de l'écriture qu'une école en déshérence où un corps enseignant démoralisé et des organisations d'étudiants aux pratiques mafieuses lancent tour à tour des grèves qui peuvent durer six mois sous l'œil indifférent d'un État dont l'inertie garantit la tranquillité.

Ces jeunes dont les parents eux-mêmes n'ont pas connu la colonisation prennent ainsi la parole dans des conditions radicalement nouvelles. La figure d'un monde composé d'un centre et de ses périphéries perd de sa consistance. Dans les nouveaux réseaux, « le centre est partout et la circonférence nulle part ». De plus en plus, on voit s'installer des relations décomplexées, claires, tranquilles, efficaces. La situation nouvelle ainsi créée colore et relativise la francophilie qui accompagne l'intervention armée décidée par François Hollande, intervention vécue comme salvatrice par une majorité de Maliens. La reconnaissance vis-à-vis de la France et de son armée est sincère. Elle est vigilante aussi. Tout retour, même supposé, à l'arrogance impériale enflamme les réseaux, par exemple quand les événements donnent le sentiment que la France voudrait se réserver la gestion de la « question touarègue ».

Kotèba *: liberté d'expression à la malienne*

Les cadres de la Ire République (1961-1968), celle qui naît de l'indépendance, lisaient beaucoup. Les élites de la IIIe regardent « Les feux de l'amour » sur leur écran plat. Il n'y a pas, sur toute l'étendue du Mali, une seule librairie qui tienne la comparaison avec une grosse maison de la presse à la française. Dans les années 1960, le régime socialiste de Modibo Keïta soutient une vie culturelle intense à laquelle il assigne, censure aidant, la mission de forger l'homme nouveau. Les militaires qui prennent le pouvoir le 19 novembre 1968 ne sont pas des intellectuels. Ils laissent s'épuiser d'elles-mêmes les formules mises en place par l'ancien régime sans trop s'en préoccuper. Le taux de scolarisation était passé de 7 % à 23 % durant les huit ans de présidence Modibo Keïta. Il retombe à 21 % sous le régime militaire. Des années après le coup d'État de 1968, l'enseignement du marxisme-léninisme reste le programme officiel de la classe de philosophie et les journées du livre soviétique proposent toujours pour presque rien les classiques de la pensée et de la littérature « prolétariennes ». Mais le cœur n'y est pas.

Le renouveau vient d'ailleurs. Le *kotèba* est une institution politico-culturelle ancienne qui, à l'occasion de rassemblements publics, prend la forme de saynètes où les tares de la société sont raillées sur le mode burlesque. Dans les années 1980, en pleine dictature militaire, des comédiens courageux adaptent cet art de village à la grande ville et montent des spectacles vigoureusement critiques, qui rencontrent une immense approbation populaire et sont jusqu'à présent identifiés comme un élément déclencheur de la révolte qui fera tomber le régime. Le cinéma lui aussi, en dépit des ruses derrière lesquelles il est contraint de se protéger, produit malgré la dictature des films fervents où les maux de la société sont crûment décrits. En début 1991, des manifestations populaires qui contestent le parti unique sont écrasées dans le sang. Le 26 mars, le général-président Moussa Traoré est arrêté. Le nouveau régime instaure une liberté d'expression qui est sans doute un de ses acquis les plus emblématiques et les plus positifs mais, paradoxalement, la vie culturelle s'assoupit. Le cinéma se perd peu à peu, sans vraie résistance à l'effondrement du réseau de salles publiques et à l'envahissement télévisuel. Le *kotèba* se met au service de la publicité commerciale et des ONG humanitaires. Préférant le libre marché à la libre opinion, beaucoup dans la presse libre se vendent au plus offrant. Faire sa place dans le système des arrangements semble avoir absorbé toute énergie, polarisé toute faculté mentale, annexé toute imagination.

Cette panne intellectuelle est un symptôme et une cause de la fragilité politique révélée par la crise malienne. La « démocratie » instaurée après la chute des militaires a ouvert des libertés appréciables. Mais elle s'est vite assoupie, se satisfaisant d'avoir donné quelques gages institutionnels de sa bonne conformité aux prescriptions de l'empire : élections pluripartites, respect des échéances constitutionnelles, liberté d'expression, libéralisme économique. Or le logiciel capable de mettre en action les potentialités de l'Afrique ne s'obtient pas par téléchargement. Ce logiciel, c'est la culture africaine vivante telle que l'imagineront les Africains libres d'aujourd'hui. Dans une Afrique en voie d'indépendance, ce que l'Occident nomme question culturelle est une urgence et un préalable politiques de premier rang.

Et l'impérialisme dans tout ça ?

L'intervention militaire française de l'hiver 2013 a sauvé le Mali d'un péril immédiat. La plupart des Maliens lui en sont reconnaissants. Même les forces politiques qui avaient secondé les desseins des putschistes en condamnant par avance toute intervention étrangère sur le sol malien ont aujourd'hui sérieusement révisé leur rhétorique. Mais si l'armée française a été seule en mesure de réduire l'agression dont le Mali est victime, c'est aussi parce que la tutelle de l'ancienne puissance coloniale reste une donnée fondamentale. La France détient 25 % des 3,17 milliards de dollars de la dette malienne et assure 10 % des rentrées budgétaires du Mali (sur un budget total d'un peu plus de deux milliards d'euros avant la crise, l'équivalent de ce que gère chaque année le Conseil général de la Seine-Saint-Denis). C'est Paris et l'Europe qui disposent de la vraie souveraineté monétaire, *via* le franc CFA (franc des colonies françaises d'Afrique aujourd'hui euphémisé en franc de la communauté financière africaine). La langue officielle du Mali est le français, un héritage qui tient son rôle dans le manque de foi des Maliens dans leur État. Mais avec environ 150 entreprises à capitaux français sur son sol, le Mali n'est que le 84e client et le 160e fournisseur de la France…

Présenter l'influence française et plus généralement le poids de l'Occident comme le *deus ex machina* de tout ce qui se passe en Afrique perd peu à peu de sa pertinence. Durant les deux mandats d'Amadou Toumani Touré, les permis de recherche pétrolière – sans résultats jusqu'à présent – n'ont pas été accordés à Total, mais pour l'essentiel à la Sonatrach, une entreprise publique algérienne, et dans une moindre part à des entreprises aux allures de prête-nom. Les mines d'or sont exploitées par des compagnies maliennes, sud-africaines, canadiennes, australiennes, et non pas françaises. Privatisée en 2000 au profit du groupe Bouygues, l'EDM (Énergie du Mali), société publique de l'eau et de l'électricité, est renationalisée en 2005. Et le pouvoir sarkozyste n'est jamais parvenu à faire signer au Mali un accord de rapatriement des immigrés expulsés. ATT avait d'ailleurs malicieusement confié cette négociation à un ancien ouvrier longtemps émigré en région parisienne, militant notoire du Parti communiste français...

Le fameux discours de Nicolas Sarkozy à Dakar vécu comme une insulte faite à l'Afrique, les visas délivrés au compte-gouttes et au prix d'humiliations absurdes ont paradoxalement libéré les esprits : à l'agressivité inquiète, sœur de l'amour déçu, a peu à peu succédé une indifférence teintée de mépris. Avec sa participation à la libération du nord, la France connaît un vif regain de faveur. Mais les cyclomoteurs Peugeot, remplacés par la marée des « Djakarta » chinoises, ne reviendront pas dans la circulation bamakoise. Quand elles ont besoin de soins complexes, les élites maliennes vont désormais se faire ausculter au Maroc, en Afrique du Sud, au Brésil ou dans les pays du Golfe. Tout comme la reconnaissance, somme toute assez rationnelle, dont bénéficie la France engagée contre les djihadistes, cette distance subjective prise avec l'ancienne tutelle est un élément du rapport de forces, un fait politique. Les drapeaux français agités de bon cœur dans les rues de Tombouctou n'empêchent pas une vigilance sourcilleuse chaque fois qu'à tort ou à raison, Paris est soupçonné de vouloir se substituer aux autorités maliennes.

Le pouvoir économique et politique de l'Occident n'a pas disparu, mais il est aujourd'hui en crise, contrebalancé par la vague des puissances « émergentes », avec lesquelles les questions de dépendance sont posées à nouveaux frais. Les injonctions des institutions financières internationales, la dette, les politiques d'ajustement structurel témoignent de la pression que la conduite capitaliste et occidentale fait peser sur le monde. En imposant partout les formules institutionnelles consacrées par le libéralisme, elles bloquent et stérilisent la nécessaire invention d'une culture politique intériorisable par les peuples. Au Mali, l'obligation d'instaurer les formes occidentales de la propriété foncière, alors que les terrains « concédés » par l'État ou attribués par le chef de village conféraient naguère un droit d'usage quasi équivalent à celui d'un « titre foncier », produit spoliations (parfois massives dans le cas des terres agricoles), corruption, différends judiciaires qui alimentent le mépris de l'État et la méfiance entre citoyens. Mais l'impact de ces injonctions est brouillé par des réalités qui leur échappent. C'est d'un État privatisé par la corruption qu'on exige de privatiser « à l'occidentale » le train, le téléphone ou le commerce du coton. C'est à une société qui tient et se développe en grande partie par son secteur dit informel (comme si ce que l'empire n'a pas formé était sans forme) qu'on délivre les bons conseils de la régularité libérale. *A contrario*, ce brouillage touche aussi un altermondialisme d'inspiration socialiste et euro-sud-américaine, qui mord peu sur l'opinion malienne et dont les recettes souvent teintées d'étatisme peinent à convaincre dans un pays où les prérogatives publiques sont elles-mêmes mises sur le marché. Les solutions restent à inventer. Sur place. Crise malienne, crise de croissance ?

5

L'armée malienne, entre instabilité, inégalités sociales et lutte de places

Eros Sana*

« Nous, les soldats maliens, sommes des morts-vivants. » C'est ainsi que se décrit Moussa [1], jeune engagé malien de vingt-cinq ans. Nous sommes à Diabali, la dernière ville du nord à avoir été conquise par les rebelles le 14 janvier 2013. Moussa a participé à la défense de la ville. Les soldats maliens ont vite été débordés par les rebelles, certes moins nombreux, mais disposant d'une puissance de feu et d'une expérience du combat largement supérieures. En quelques heures, sept militaires maliens sont tués, dont un ami de Moussa, Issa Angwéba, vingt-neuf ans. Si Moussa en a réchappé, « ce n'est pas grâce à mes supérieurs, précise-t-il. Ils nous ont bien donné de nouvelles armes et du matériel, mais ils ne nous ont pas laissé le temps de les tester ». Lorsqu'ils réalisent qu'ils ne peuvent plus tenir leur position, qu'ils ne recevraient pas de renforts et, surtout, que leurs supérieurs « avaient eux-mêmes fui », Moussa et ses frères d'armes décident d'abandonner leur position, de retirer leur uniforme et de se replier sur Markala, plus au sud.

* Journaliste et photographe au magazine *Basta !* Une première version de ce reportage a été publiée le 25 février 2013 sur <www.bastamag.net>.

1 À sa demande, son prénom a été modifié.

Ce type de témoignages abonde au sein de l'armée malienne. Combats après combats, ce n'est pas tant de courage dont les soldats maliens ont manqué face aux rebelles armés, mais de soutien, de préparation, d'organisation et de commandement compétent. Car l'armée malienne, comme l'ensemble des forces de sécurité, est le reflet des inégalités sociales, et des jeux de pouvoir et de corruption qui caractérisent le Mali.

Une armée sans moyens

Les effectifs de l'armée malienne sont difficiles à estimer avec certitude : entre 7 000 et 14 000 hommes. Le Mali est un pays pauvre, où la moitié de la population vit avec moins d'un euro par jour. Les populations y exercent avant tout des activités rurales et agricoles. Dans un pays où les institutions internationales (FMI, Banque mondiale) mettent tout en œuvre pour réduire les missions et les budgets de l'État, l'armée est l'une des rares institutions qui offrent une solde et un emploi stables. Ainsi, en 2007, alors que les autres institutions de l'État malien n'embauchaient pas, voire licenciaient, l'armée malienne lançait une campagne de recrutement de près de 3 000 personnes. Un simple soldat gagne 45 000 francs CFA par mois, soit environ 70 euros. Nombreux sont ceux qui y entrent moins par vocation guerrière ou patriotique que par simple nécessité économique.

Certaines familles sont prêtes à tout pour que leur fils porte l'uniforme de l'armée, de la police ou de la gendarmerie. Notamment à verser des bakchichs aux recruteurs pour qu'il soit intégré. « Il y a des familles qui s'endettent pour payer 150 000 ou 250 000 francs CFA [entre 230 et 380 euros] de dessous-de-table pour que leur fils soit pris. C'est le tarif », détaille Amadou, gendarme à Markala.

Intégrer l'armée ne suffit pas pour sortir de la précarité. Depuis juin 2012, date de la prise des deux tiers du territoire par la rébellion touarègue et islamiste, la majeure partie des militaires maliens dénoncent, plus ou moins fortement, leurs conditions de vie. Les lignes de ravitaillement de l'armée malienne s'étendent sur plusieurs centaines de kilomètres à mesure que l'armée française progresse. Et lorsque je demande à Moussa si la logistique suit, si les soldats arrivent à cantiner convenablement et à être soignés efficacement, celui-ci inspire longuement avant de répondre : « Avec ce que nos chefs nous donnent à manger, même un chien ne finirait pas notre assiette. Mais nous n'avons pas d'autre choix. Pour ce qui est de notre santé, ils sont censés nous prendre en charge. Mais la plupart du temps, cette prise en charge est insatisfaisante. » Le jeune soldat raconte alors l'histoire de l'un de ses frères d'armes qui, après une attaque de rebelles touaregs en 2008 dans le village de Nampala, près de Diabali, a reçu une balle dans le dos. « L'armée n'a rien mis en place pour lui, si ce n'est des soins basiques, soupire-t-il. C'est son père qui a dû prendre en charge tous les frais pour que son fils soit convenablement opéré. Nos supérieurs n'ont rien à faire de nous. »

« Chaque fois que les militaires réclament le respect de leurs droits, ils se font qualifier de révolutionnaires et sont souvent mis aux arrêts », ajoute Amadou. Le gendarme de Markala sait de quoi il parle : en 1994, lui et 800 autres élèves gendarmes ont protesté dans un journal malien contre le détournement d'une partie de leur solde par l'un de leurs chefs. En réponse, ils ont été radiés ! Ils durent batailler pendant deux ans pour faire valoir leurs droits et être réintégrés [2]. « Nous, les soldats maliens, sommes des morts-vivants, répète sombrement Moussa. Depuis Aguelhok, on nous envoie au front pour mourir de faim ou pour nous faire égorger. »

Aguelhok, le nom de cette ville située à la limite de la frontière algérienne, m'est très souvent répété. Un massacre, attribué aux rebelles du Mouvement national de libération de l'Azawad (MNLA) et d'Ansar Eddine, y a été perpétré. En

---

2 Modibo Fofana, « Affaire de l'EMIA : Des têtes tombent », <journaldumali.com>, 11 octobre 2011.

janvier 2012, isolés et sans renforts, des soldats et des gendarmes maliens se rendent après avoir tenté de défendre la ville. En dépit de leur reddition, plusieurs dizaines d'entre eux auraient été égorgés ou abattus d'une balle dans la tête : entre 85 et 200 exécutions selon les sources [3]. Ce massacre traumatise l'armée et la société maliennes.

Généraux, capitaines, soldats : une hiérarchie militaire sous tension

« À Aguelhok, c'est chaque Malien qui a perdu un fils, un frère. Sans que l'État et l'armée ne fassent rien », témoigne le père de l'un des soldats exécutés, rencontré à Bamako. Aguelhok cristallise toute la frustration et la rancœur des soldats maliens et de la population vis-à-vis du laisser-aller et de la corruption des dirigeants de l'armée malienne et de l'ensemble de la classe politique. Car, au Mali, la classe politique est largement composée de militaires. Le président de l'époque, Amadou Toumani Touré (ATT), était général de l'armée malienne. De nombreux ministres et hommes politiques sont ou ont été des militaires.

Pendant ses deux mandats, de 2002 à 2012, ATT a nommé à lui seul quarante-cinq généraux. Un moyen de renforcer la fidélité de la direction de l'armée et, pour les nombreux généraux promus, d'accéder à de juteuses opportunités financières et économiques – alors que l'opération Serval battait son plein dans le nord, dans un luxueux restaurant de Bamako, j'ai ainsi pu assister à la discussion de deux généraux maliens sur la « conclusion d'un marché de 246 millions de francs CFA » (380 000 euros). Ce faisant, ATT a renforcé le déséquilibre qui caractérise l'armée malienne, avec d'un côté pléthore de généraux et d'officiers, bardés d'honneurs et qui s'enrichissent

3 Tanguy Berthemet, « Des Touaregs exécutent des soldats maliens », *Le Figaro*, 14 février 2012.

rapidement et avec une grande opulence et, de l'autre, une troupe qui évolue dans un cycle de pauvreté ou de précarité que l'appartenance à l'armée ne rompt pas.

Entre ces deux groupes, l'armée malienne repose principalement sur les épaules de capitaines quadragénaires. Ce sont ces capitaines qui reçoivent – « subissent » selon certains d'entre eux – les ordres de leurs officiers supérieurs et les appliquent concrètement au reste de l'armée. Ces capitaines se retrouvent dès lors sur deux fronts : celui des problèmes sociaux de la troupe et celui de la rébellion du nord. Ainsi, en février 2012, ce sont des capitaines qui tenaient concrètement les positions et le déploiement de l'armée malienne en zones de conflit. Le capitaine Daouda Diarra était responsable de la zone Markala-Diabali, le capitaine Keita était responsable de la ville de Sévaré, alors que le capitaine Konaré était responsable de la zone Douentza-Gao.

Dans leur lutte contre le terrorisme, obnubilés par la seule vision sécuritaire, les États occidentaux ont préféré « investir » dans l'armée plutôt que dans des programmes de développement [4], sans se préoccuper de problèmes structurels liés au clientélisme, à la corruption et à la dette. Sourds et aveugles face à cette réalité, France et États-Unis ont sensiblement investi dans l'armée malienne, qui « bénéficie » de programmes spécifiques pour se moderniser. Depuis 1998, la France, suivie par l'Union européenne, a mis en œuvre l'initiative « Renforcement des capacités africaines de maintien de la paix » (Recamp) en Afrique en général et au Mali en particulier. Recamp était censé « soutenir des actions de formation de cadres et d'unités en vue d'opérations de maintien de la paix, organiser des exercices au profit de ces unités africaines

---

4 Par exemple, le développement du Nord-Mali passe obligatoirement par la construction de routes pour désenclaver cette région. Le coût du tronçon Bamako-Tombouctou (635 km) serait de 100 milliards de francs CFA (196 millions de dollars), le tronçon Mopti-Gao (568 km) présenterait un coût de 48 milliards de francs CFA (94 millions de dollars).

formées et entraînées, et enfin fournir équipements et matériels aux forces africaines qui seraient réellement engagées pour une opération de maintien de la paix sur le continent africain », explique le général Michel Klein, de la Fondation pour la recherche stratégique [5]. En dépit des millions d'euros, et alors que Recamp a longtemps été vanté comme un modèle de stabilisation, les capacités de l'armée malienne ne se sont pas renforcées. Loin de là.

Les États-Unis ne sont pas en reste. Le 11 septembre 2001 et l'émergence de la Chine en Afrique accélèrent l'implication états-unienne en Afrique de l'Ouest. L'administration Bush lance en 2002 la Pan-Sahel Initiative, qui devient en 2005 la Trans-Saharan Counter-Terrorism Initiative. Elle intègre les États sahéliens ainsi que le Nigéria, pour une dépense globale sur cinq ans de plus de 500 millions de dollars [6]. La majeure partie de cette aide est constituée d'ouverture de crédits en vue d'acheter du matériel militaire américain. Les opérations états-uniennes en Afrique, des drones décollant de Djibouti aux avions cargos atterrissant en Mauritanie, sont coordonnées depuis l'US Africa Command, créé en 2008 et basé en Allemagne.

Des dizaines de millions d'euros et de dollars ont ainsi été injectés dans l'armée malienne, principalement par la France et les États-Unis. Cet apport massif d'argent n'a ni empêché la chute du nord du Mali ni amélioré l'équipement et la formation des troupes. Ces financements – colossaux pour le Mali – ont en revanche contribué à renforcer les pouvoirs des dirigeants militaires et à soutenir leur éventuelle carrière politique. Au clientélisme et à la corruption, s'est ajoutée la montée d'un profond sentiment d'injustice au sein de l'armée malienne.

---

5 Michel KLEIN, « Les forces de présence françaises : des outils stratégiques majeurs adaptés à la situation internationale africaine », *Note de la FRS*, <www.frstrategie.org>, 2 janvier 2008.

6 Vicki HUDDLESTON, « Why we must help save Mali », *The New York Times*, 14 janvier 2013.

À ces difficultés structurelles, s'ajoute la question de la difficile cohésion sociale de ce corps, durablement soumis à une instabilité due à des tensions ethnorégionales, autour de la place de soldats touaregs, ainsi qu'à des tensions sociales.

Les Touaregs, entre intégration, suspicion, défection et sédition

De fortes tensions traversent en effet l'armée malienne quant à la place des Touaregs en son sein. Présents à tous les échelons de l'armée, ceux-ci ont intégré l'armée par deux biais : individuellement ou collectivement suite à des accords d'intégration de combattants indépendantistes. Les deux dernières vagues significatives d'intégration remontent à 1993, après la signature du pacte national, et à 2011, après la chute du régime de Kadhafi [7].

Les Touaregs qui ont ainsi été intégrés au sein de l'armée « en revendiquant des grades fondés sur une expérience militaire invérifiable », selon un capitaine du génie militaire rencontré à Bamako. Ainsi, « du jour au lendemain, un lieutenant de l'armée régulière s'est retrouvé sous les ordres d'un capitaine d'origine touarègue face à qui il avait combattu quelques mois ou quelques années plus tôt ». Le même capitaine avance que certains des anciens rebelles touaregs qui ont ainsi intégré l'armée « parfois, ne savaient même pas lire ou écrire. Mais à cause des accords politiques, ils étaient promus capitaines ou commandants. Alors que nous, qui avions plusieurs années de service, restions au même grade. C'était une sorte de discrimination positive au profit des Touaregs ».

Le commandant Doucouré, membre du Groupe d'intervention de la gendarmerie malienne (GIGM), évoque un cas en particulier : celui de Ousmane Haïdara, ancien rebelle touareg

7 Soumaïla T. Diarra, « Nord-Mali : 300 Touaregs s'engagent auprès de l'armée », *Mali Actualités*, <http://maliactu.net>, 2 février 2012.

qui a été intégré au sein de l'armée au grade de capitaine et avec qui Doucouré a alors été formé à l'école interarmes de Koulikoro. Haïdara se retrouve à la tête de la zone militaire de Diabali. « Quelques jours avant une attaque de rebelles touaregs en 2008, Ousmane disparaît et ne réapparaît qu'après. Les habitants de Diabali dénonceront son attitude et sa loyauté. En vain. Il sera réintégré à son poste de commandement et promu commandant, puis colonel, alors que nous sommes de la même promotion et que je reste commandant. Et surtout, c'est ce même colonel Ousmane qui a dirigé les troupes d'Ansar Eddine qui ont attaqué Diabali le 13 janvier 2013 [8]. »

Cette suspicion de défection et de sédition marque durablement les rapports que les soldats touaregs maliens entretiennent avec leurs frères d'armes et avec le reste de la société malienne. Elle est entretenue par des exemples comme le précédent, ainsi que par d'autres. Le colonel-major Alhaji Ag Gamou, officier touareg le plus gradé au sein de l'armée, fut ainsi le numéro deux de l'état-major... avant d'annoncer sa défection au profit du MNLA [9] ! Cette défection fera grand bruit au sein de l'état-major et de l'opinion. Même si aujourd'hui cette déclaration est présentée comme une tactique qui a permis à Gamou et à ses hommes de se réfugier au Niger voisin avant de revenir à Gao, la suspicion et le doute demeurent [10].

De plus, les rangs de l'armée sont parcourus d'histoires où des officiers d'origine touarègue reproduisent souvent vis-à-vis de leurs subalternes noirs des comportements fondés sur la domination des uns et la soumission des autres. Enfin, au sein même des communautés touarègues, des tensions persistent entre Touaregs d'origine « noble », les Ifoghas, et les « moins nobles », comme les Imghads.

---

8 Marc-André BOISVERT, « Mali : Diabali, une ville à reconstruire », *La Presse*, 26 janvier 2013.

9 Sabine CESSOU, « Pourquoi l'armée malienne ne parvient pas à combattre les Touaregs », <www.slateafrique.com>, 2 avril 2012.

10 AFP, « Des soldats touareg maliens de retour à Gao, où certains les ont "à l'œil" », <www.malijet.com>, 4 février 2013.

Les bérets rouges, une unité en marge de l'armée

L'exacerbation des tensions au sein de l'armée s'est également cristallisée autour des « bérets rouges » du 33e régiment de para-commandos, une unité spéciale aéroportée. Cette formation de près de 1 000 hommes a toujours eu une place à part au sein de l'armée, dont la majorité est composée de « bérets verts ». C'est l'ancien dictateur, Moussa Traoré, qui l'a créée. Lui-même béret vert, il a renversé en 1968 le président Modibo Keïta, au pouvoir depuis l'indépendance (1960). Mais trois autres fortes figures de la jeune armée malienne l'ont accompagné lors de ce putsch : Karim Dembélé, Kissima Doukara et Tiécoro Bagayoko, lesquels jouissaient d'une grande aura au sein de l'armée. Tiécoro Bagayoko, à la tête des services de sécurité, inspirait à la fois terreur et admiration. L'influence de ces trois hommes était telle que Moussa Traoré fut rapidement convaincu qu'il ne pouvait plus faire totalement confiance à l'armée régulière. Il engagea donc une stratégie de reconquête, passant entre autres par la création à la fin des années 1970 d'une unité spéciale ne répondant qu'au seul président de la République, dont elle assurait la sécurité directe : les bérets rouges.

Depuis, ceux-ci se sont affirmés en marge, voire en opposition, au reste de l'armée. Ils ont été largement favorisés par le régime de Moussa Traoré comme par celui d'ATT, lui-même béret rouge et ancien chef de la Garde présidentielle de Moussa Traoré : ils ont bénéficié de soldes plus confortables, de primes plus régulières et de meilleures formations que les bérets verts constituant le gros de l'armée. Mieux payés, vêtus d'un uniforme spécifique, assurant la sécurité du locataire de Koulouba (le palais présidentiel) quel qu'il soit, les soldats du 33e RPC, basé au camp dit « Djicoroni-para », à Bamako, ont pendant des années tiré un maximum de profit et de prestige de la couleur pourpre de leur béret.

« Pendant que nos fils mouraient à Kidal, Tessalit ou Aguelhok, les bérets rouges restaient planqués à Bamako, dans leur caserne ou dans la résidence présidentielle malienne », m'a affirmé en janvier 2013 le père d'un soldat tué pendant l'avancée des rebelles. « Plutôt qu'une unité d'élite, ils étaient les défenseurs de la bourgeoisie naissante qu'ATT et la classe politique représentent », ajoutait avec amertume un leader de la société civile, dont le frère est béret rouge. Une « bourgeoisie » caractérisée par de nombreux scandales politico-financiers, comme le détournement d'une partie des aides internationales destinées à combattre la tuberculose et la malaria [11]. Cette situation a exacerbé la colère de la population et de la majorité de l'armée. Dans les quartiers populaires comme dans les beaux salons de la capitale, nombreux sont ceux qui se souviennent de la fête organisée en grande pompe par la fille d'ATT, Mabo, pour célébrer sa fortune de plusieurs milliards de francs CFA. C'était début mars 2012, juste avant le coup d'État.

Le coup d'État du 22 mars 2012 : soutien et contestation

À ces scandales, s'était ajoutée la déroute militaire dans le nord du pays en janvier 2012. La situation est alors devenue explosive. Pendant plusieurs jours, de nombreuses manifestations de civils ont eu lieu à Bamako, mobilisant notamment des veuves de militaires morts au combat comme des femmes de soldats ayant été ou devant être envoyés sur la ligne de front, lesquelles ont marché jusqu'à la colline où se trouvait le palais présidentiel de Koulouba. Et ce qui devait arriver arriva : le 22 mars 2012, un détachement de bérets verts a renversé le président ATT. Parmi eux, nul général, nul officier supérieur. Les « putschistes » étaient essentiellement des sous-officiers et ces fameux capitaines qui « tiennent » l'armée

---

11 AP, « Global Fund suspends malaria, TB grants in Mali », *The Guardian*, 7 décembre 2010.

malienne. Après la prise de Koulouba et d'autres points stratégiques de Bamako (le siège de la radio, l'aéroport, etc.), ils ont placé à leur tête le capitaine Amadou Haya Sanogo [12].

Comme la majeure partie des putschistes, Sanogo vient du camp de Kati, une base militaire dans la proche banlieue de Bamako. La quarantaine, ce natif de Ségou a passé plus de vingt ans au sein de l'armée. Entre 2004 et 2010, il a suivi plusieurs sessions de formation aux États-Unis : anglais au Defense Language Institute Foreign Language Center, renseignement militaire à Fort Huachua ainsi qu'à Fort Benning en tant qu'officier d'infanterie [13] – ce qui n'a pas manqué d'entretenir certains fantasmes complotistes quant à l'implication supposée des États-Unis [14] dans un coup d'État qui semble plutôt relever d'un simple concours de circonstances [15]. Le capitaine Sanogo a pris la tête d'un Comité national pour le redressement de la démocratie et la restauration de l'État (CNRDRE). À travers cette instance, le militaire – qui pendant plusieurs jours s'est fait appeler « président » [16] – a exercé une forte autorité sur l'armée et l'ensemble des institutions politiques : après avoir suspendu les institutions, il a fait nommer les principales autorités (ministre de la Défense, chef d'état-major, ministre de l'Administration territoriale, directeur de la Gendarmerie nationale, directeur de la Sûreté d'État, etc.).

Condamné pour son illégalité par la communauté internationale, le putsch n'a cependant pas été considéré comme

---

12 « Coup d'État au Mali : le récit du coup d'État minute par minute », <www.rfi.fr>, 22 mars 2012.

13 Craig Whitlock, « Leader of Mali military coup trained in U.S. », *The Washington Post*, 24 mars 2012 ; Adam Nossiter, « Leaders of Mali's military coup seem to have uncertain grasp on power », *The New York Times*, 23 mars 2012.

14 Une théorie fondée sur le seul fait que Sanogo a bénéficié de formations aux États-Unis et « oubliant » que de nombreux officiers maliens ont bénéficié de façon constante de formations à l'étranger (États-Unis, France, Chine), sans pour autant devenir *ipso facto* des « agents » de ces pays.

15 Voir dans ce livre le chapitre de Jean-Louis Sagot-Duvauroux, p. 91.

16 Julius Cavendish, « Mali's coup leader : interview with an improbable strongman », *Time*, 28 mars 2012.

illégitime par une grande partie de la société malienne, qui a clairement soutenu le CNRDRE [17]. Ce soutien, ainsi que celui du reste de l'armée, s'est paradoxalement renforcé avec les sanctions promues par la Communauté économique des États d'Afrique de l'Ouest (CEDEAO) [18] : les chefs d'État de la sous-région ont tout mis en œuvre pour imposer un président par intérim ainsi que le principe d'une intervention militaire africaine sous l'égide de l'ONU, tout en refusant de livrer au Mali des armes et du matériel préalablement commandés, arrivés aux ports de Dakar et Conakry [19]. Ce qui sera largement vécu par les Maliens comme une ingérence et contribuera à renforcer provisoirement les liens entre la société civile, l'armée et le CNRDRE.

Malgré ce soutien populaire, les tensions au sein de l'armée ne seront pas totalement apaisées après le renversement d'ATT en mars 2012. Certes, les uns après les autres, les chefs des camps militaires de Bamako et celui du quartier général de l'armée à Sévaré ont fait allégeance au capitaine Sanogo. Mais le chef des bérets rouges et du camp Djicoronipara, le colonel Abidine Guindo, s'y est refusé. Celui qui était jusqu'au coup d'État l'aide de camp du président ATT, et qui lui était demeuré fidèle, n'a cessé de répéter qu'il « ne pouvait faire allégeance à quelqu'un qui était moins gradé que lui ». Le colonel ne s'en est pas tenu à une simple protestation et il a tenté un contre-coup d'État, le 30 avril 2012, dont l'échec a conduit à son arrestation, avec une trentaine d'autres membres de son unité ; et le 33e RPC a été officiellement dissous par le ministre de la Défense.

En janvier 2013, lorsqu'a commencé l'opération Serval, qui impliquait la majeure partie de l'armée malienne, l'unité

17 Voir Christophe Koessler, « Le coup d'État au Mali divise la société civile », <www.lecourrier.ch>, 5 avril 2012.

18 « La CEDEAO brandit des sanctions contre le Mali où la tension persiste entre pro- et anti-junte », <www.rfi.fr>, 30 mars 2012.

19 Jemal Oumar, « La CEDEAO bloque les expéditions d'armes au Mali », *Magharebia*, 20 août 2012.

est restée assignée à résidence dans sa caserne de Djicoroni-para. Le 31 janvier, Abidine Guindo et les autres « contre-putschistes » ont finalement été libérés, sans qu'aucune charge ne soit retenue contre eux. Dans la foulée, le chef d'état-major de l'armée, le général Ibrahima Dahirou Dembélé, a annoncé que le 33ᵉ RPC n'était plus dissous et que les bérets rouges étaient réintégrés au sein de l'armée, mais dispersés dans d'autres unités combattantes présentes au front. Près de 400 bérets rouges ont alors accepté leur nouvelle affectation. Cependant, les rivalités étaient loin d'avoir disparu et, le 6 février, le général Dembélé est intervenu à la télévision et à la radio pour appeler la moitié restante des bérets rouges à rejoindre les unités où ils avaient été assignés et à aller combattre au front : il a rappelé que les récalcitrants n'avaient d'autre alternative que d'« obéir aux ordres » et qu'il agissait en concertation avec les « alliés qui comprennent que la discipline doit être respectée dans toutes les armées ». Ces tensions ont aussitôt donné lieu à un épisode tragique : dans la nuit du 7 au 8 février, des combats se sont déroulés au camp de Djicoroni-para entre bérets verts et bérets rouges, faisant trois victimes civiles.

Quelle armée malienne après Serval ?

Mais, au-delà des divisions internes, ce qui se jouait au printemps 2013 était d'abord le sort du capitaine Sanogo et de son influence au sein de l'armée. L'autre enjeu plus global étant celui du sort de l'armée elle-même, une fois terminée l'opération Serval.

Après son coup d'État, Sanogo a établi son influence en critiquant la corruption des dirigeants de la classe politique et de l'armée, mettant en avant ses origines modestes et sa proximité avec la majorité des hommes de troupe, dont il disait partager le sort et les conditions de vie. Mais, après l'intervention française, certains officiers ont commencé à critiquer le fait qu'il n'avait pas participé aux combats, en restant protégé au camp militaire de Kati [20]. Et sa nomination, le 13 février, à la tête d'un Comité militaire de suivi de la réforme des forces de défense et de sécurité, bénéficiant à ce titre d'un salaire mensuel de près de 4 millions de francs CFA (soit 6 000 euros), n'a rien arrangé. D'où la diffusion par la presse malienne, trois semaines plus tard, d'une lettre ouverte au président Dioncounda Traoré, signée par un certain « capitaine Touré » et dans laquelle des soldats censés être au front, en train de « mourir dans le grand désert » se disaient « révoltés par les avantages accordés » au capitaine Sanogo [21].

L'une des raisons qui avaient poussé la majeure partie de l'armée, ainsi que de nombreux officiers supérieurs, à se ranger derrière les putschistes et le CNRDRE était que Sanogo s'était engagé à « restaurer la fierté de l'armée malienne ». Après une succession de défaites, Sanogo prétendait lui permettre de reconquérir les territoires perdus ainsi que son aura. Mais le coup d'État de mars 2012 n'a pas endigué l'avancée des rebelles : seule l'intervention française les a fait reculer, ce qui n'a évidemment pas renforcé le prestige de l'armée malienne. Et, quel que soit le résultat des opérations militaires, les forces étrangères – qu'elles viennent de pays de la CEDEAO à travers la Mission internationale de soutien au Mali (MISMA) sous conduite africaine ou qu'elles relèvent d'une nouvelle mission sous l'égide de l'ONU – vont rester longtemps stationnées sur le sol malien. *De facto*, la présence de ces contingents aura pour conséquence de limiter l'influence de l'armée nationale et donc celle des ex-putschistes eux-mêmes.

Au printemps 2013, deux autres facteurs contribuaient à rendre très incertain le rôle futur de l'armée malienne. Le premier était la perpétration d'exactions qui, dénoncées par

---

20 Malika GROGA-BADA, « Mali : Sanogo, un petit tour et puis revient », *Jeune Afrique*, 18 mars 2013.

21 AFP, « Mali : un journaliste anti-Sanogo arrêté », <www.lefigaro.fr>, 6 mars 2013.

diverses ONG internationales, entachaient encore plus le blason d'une armée affaiblie et ouvraient la perspective d'un isolement politique de ses dirigeants, qui pourraient se voir reprocher ces actes[22]. Le second facteur d'incertitude provenait de la tenue annoncée de prochaines élections, présidentielle puis législatives, qui pourraient renforcer le pouvoir civil au détriment des militaires : la présence de milliers de soldats étrangers apparaissait comme une police d'assurance pour les leaders des partis politiques – au premier rang desquels l'Adema, le parti du président Dioncounda Traoré, majoritaire depuis la chute de Moussa Traoré –, qui pourraient dès lors reprendre le « *business as usual* »...

---

22 Voir Amnesty International, « Mali : civilians at risk from all sides of the conflict », <www.amnesty.org>, 1er février 2013 ; et, dans ce livre, le chapitre de Benoît Miribel, p. 169.

Le champ politique malien entre putschistes et prétendants

Michel Galy

L'intervention militaire française de janvier 2013 ne signe-t-elle pas la faillite d'un système politique malien à bout de souffle, dont le délitement et la corruption ont permis la montée des groupes salafistes combattants au nord, mais aussi des putschistes du capitaine Sanogo au sud ? Quelle est l'attitude des partis classiques, relancés par une élection présidentielle prévue en juillet 2013 ? Le Mali possède en effet une classe politique expérimentée, renouvelée dans la lutte contre la dictature de Moussa Traoré (1968-1991), qui est très partagée sur l'intervention française : si la plupart des partis la soutiennent, beaucoup craignent une « mise sous tutelle » – française ou onusienne – du pays et considèrent les Touaregs du MNLA plus comme leurs ennemis que les islamistes des divers groupes armés.

Le pluralisme malien, héritage d'un long combat

Du pluralisme sous tutelle coloniale d'avant l'indépendance au parti unique, puis au parti dominant, pour revenir à une pluralité de partis : le Mali n'a pas échappé au cycle politique de bien des États subsahariens. Avant 1960, l'US-RDA (Union soudanaise-Rassemblement démocratique africain) l'emporte et son leader Modibo Keita devient le premier président malien. Son parti, absorbant les formations concurrentes, devient une sorte de parti unique de fait, les tendances internes régulant le jeu politique.

Avec la prise de pouvoir, en novembre 1968, de Moussa Traoré commence une période noire : en décembre, les partis politiques sont interdits et la Constitution suspendue. Au-delà de la dure dictature qui commence, c'est aussi un recours récurrent à l'armée qui marque la vie politique malienne jusqu'à nos jours : Moussa Traoré, Amadou Toumani Touré,

Haya Sanogo, bien que d'opinion et de légitimité bien différentes, en ont été les acteurs successifs.

Pendant la dictature de Moussa Traoré, les partis politiques se créent dans la clandestinité, tandis que la junte instaure un parti unique prévu dans la Constitution de 1974 : l'Union démocratique du peuple malien (UDPM). À l'origine, en 1990, l'Adema (Alliance pour la démocratie au Mali) regroupe des opposants à la dictature – notamment l'US-RDA, ancien parti de Modibo Keita, des exilés et de petits partis d'extrême gauche clandestins. Après la chute de Moussa Traoré suite à un coup d'État militaire en mars 1991, l'association se transforme en parti, qui devient bientôt dominant : l'Adema-Parti africain pour la solidarité et la justice (Adema-Pasj). L'Adema, association et parti, fonctionne donc depuis 1991 jusqu'à aujourd'hui comme le creuset de la vie politique malienne.

Partis et prétendants devant les élections

La perspective d'un scrutin électoral en juillet 2013 a revivifié la vie politique malienne triplement dépossédée : par la montée du mouvement wahhabite au sud, capable de faire échouer des réformes sociales importantes et par les groupes salafistes combattants au nord ; par le coup d'État du capitaine Sanogo, qui, quoiqu'en apparence marginalisé et cantonné au camp militaire de Kati, tire toujours les ficelles et constitue une sorte de pouvoir de l'ombre, aux foucades imprévisibles, comme l'a montré le renversement par ses hommes du Premier ministre Cheikh Modibo Diarra en décembre 2012 ; par l'intervention des troupes françaises, du contingent tchadien et des contingents de la MISMA qui, *via* le commandement militaire et la puissance de l'ambassade de France, a instauré une sorte de mise sous tutelle du pays – avant un habillage onusien qui légalisera une intervention en apparence multilatéralisée.

Contre cette dépossession multiforme, la vie politique de la centaine de partis politiques se polarise autour de quelques prétendants connus et crédibles pour la prochaine élection présidentielle : le pouvoir est ressenti comme extrêmement personnalisé, les partis étant des supports nécessaires à des candidats dont les programmes de gouvernement sont souvent inexistants. De grandes manœuvres se multiplient, dont les acteurs décideront dans l'ombre du résultat de la présidentielle : regroupements et alliances interpartites, affinités ethnico-régionales, adoubements diplomatiques en Afrique de l'Ouest ou à Paris, « transhumances électorales » et appui des hommes d'affaires ou des grands commerçants, négociations discrètes avec les militaires et les religieux.

Les silences d'acteurs politiques de premier plan ajoutent aux incertitudes, comme ceux des anciens présidents Alpha Oumar Konaré et Amadou Toumani Touré, exilé au Sénégal après sa chute en mars 2012. Le capitaine Sanogo lui aussi laisse planer le doute sur sa candidature à l'élection présidentielle, redoutant peut-être un scénario analogue à celui qui a vu en Guinée le capitaine Moussa Dadis Camara brutalement éliminé de la compétition en janvier 2010. La gauche radicale, représentée par le député Oumar Mariko, ne concerne pas que son petit parti (SADI), mais, *via* la Copam (Coordination nationale des associations patriotiques du Mali), fédération d'associations de la société civile, peut mobiliser des foules importantes dans la capitale.

L'Adema étant largement discréditée et présentant un candidat peu connu, les prétendants crédibles sont très peu nombreux. Tous sont de longue date des acteurs de la vie politique malienne, anciens de l'Adema ou ayant joué un rôle important dans la transition après la chute de la dictature. Outre de vieux routiers comme Me Mountaga Tall, leader du Congrès national d'initiative démocratique, et l'ancien Premier ministre (de 1991 à 1992) Soumana Sacko (Convention nationale pour une Afrique souveraine), qui garde une certaine popularité, le « tiercé présidentiel » concerne des leaders ayant une assise non seulement malienne, mais une envergure internationale. Si la candidature de Modibo Sidibé, lui aussi ancien Premier ministre (de 2007 à 2011), a rebattu les cartes, il semble que la compétition concerne surtout Soumaïla Cissé et Ibrahim Boubacar Keita.

Soumaïla Cissé, originaire de Tombouctou, informaticien et homme d'affaires, est un ancien de l'Adema qui a fondé en juin 2003 l'Union pour la république et la démocratie (URD). Ayant exercé professionnellement en France et au Mali, sa présidence de la commission de l'UEMOA (Union économique et monétaire ouest-africaine) de 2004 à 2011 lui a donné une réputation d'administrateur et une envergure internationale, mais a donné lieu à des polémiques sur ses capacités concrètes de gestionnaire.

Le plus connu internationalement est certainement l'ancien Premier ministre (de 1994 à 2000) Ibrahim Boubacar Keita (dit « IBK »), politologue et historien, qui a été adoubé par l'Internationale socialiste ; homme à poigne, tant face aux Touaregs qu'envers les manifestations pendant son exercice du pouvoir, il serait le candidat implicite de la France et des États-Unis. Après avoir quitté lui aussi l'Adema, il a fondé en 2001 le Rassemblement pour le Mali (RPM) ; candidat à plusieurs élections présidentielles, il s'est vu voler la victoire en 2002, dans un scrutin truqué où, bien qu'en tête au premier tour, il s'est vu refuser de se présenter au second ; l'élection prévue en juillet 2013 était sans doute sa dernière chance d'accéder à la présidence du Mali.

À la veille du scrutin, outre de très sérieuses questions techniques (quelque 500 000 réfugiés et déplacés, listes électorales incomplètes, difficultés d'un vote au début de la saison des pluies), se posait celle de la légitimité d'une élection sous occupation militaire, ou du moins sous influence. En prétendant vouloir restaurer très rapidement un pouvoir présidentiel dont elle reconnaissait la faiblesse si ce n'est l'illégitimité, la France ne risquait-elle pas de reproduire les doutes sur la validité du processus électif, cause première de la faillite politique du Mali ?

6

La « question touarègue », quels enjeux ?

Hélène Claudot-Hawad*

La « question touarègue » a plus de cent trente ans. Elle traduit d'abord un problème français né de la résistance que les combattants touaregs opposent, à la fin du XIXe siècle, à la pénétration coloniale du Sahara. Avant les militaires, les explorateurs ont lancé, avec plus ou moins de succès, des expéditions de reconnaissance. Ils ont topographié les lieux et rassemblé des informations sur les populations et leurs « dispositions » envers les puissances extérieures et leurs ambitions commerciales. Les convoitises européennes sont alors focalisées sur les échanges transsahariens dans un contexte de forte concurrence entre la France et l'Angleterre. La France élabore un ambitieux projet de chemin de fer à travers le Sahara dans la perspective de relier les colonies françaises de l'Algérie et du Soudan, mais la seconde mission du colonel Paul Flatters, envoyée en repérage, est massacrée par les Touaregs en février 1881.

L'image des Touaregs s'assombrit : perçus comme un obstacle à l'expansion coloniale et commerciale française, leur portrait s'élabore désormais en contrepoint de celui des « civilisés ». Barbarie, anarchie, archaïsme, féodalisme, fanatisme,

* Anthropologue, directrice de recherche au CNRS, UMI 3189.

irrédentisme... Tous les ingrédients classiques qui servent à déshumaniser l'adversaire sont mobilisés, permettant de légitimer l'entreprise coloniale. Ce n'est qu'une fois le danger écarté que la bravoure, l'habileté guerrière et l'endurance au combat des Touaregs seront évoquées afin de rehausser le prestige de ceux qui les ont défaits. Ces motifs popularisés par la presse, les livres scolaires, les romans d'aventures, le cinéma et les expositions coloniales s'intègrent à un scénario historique composé à la gloire des vainqueurs. Ils ont façonné l'imaginaire français et inspirent jusqu'à aujourd'hui la plupart des discours produits sur les « Touaregs ».

Être « touareg » : les enjeux du nom et du nombre

Lorsque, le 11 janvier 2013, le gouvernement français envoie ses troupes au Mali pour « détruire » les « terroristes » qui progressent vers le sud et « rétablir l'intégrité territoriale du Mali », tous les clichés sur la « question touarègue » sont réactivés pêle-mêle. Pourtant, ni les différents protagonistes du conflit actuel, ni leurs revendications, ni les identités qu'ils promeuvent ne font intervenir à proprement parler la dimension « touarègue ». Les catégories mobilisées par les acteurs sont, d'un côté, l'« Azawad », territoire situé au nord du Mali et peuplé d'« Azawadiens » (pas tous « touaregs ») et, de l'autre, l'« islam » radical se référant au djihad et à la charia. Dans les deux cas, on observe une dilution identitaire des « Touaregs », que ce soit au sein du périmètre régional infra-étatique de l'Azawad ou dans le périmètre international et supra-étatique de la *oumma*, communauté des musulmans.

Les Touaregs relèvent aujourd'hui de cinq États distincts, héritiers de l'histoire coloniale et créés en entités indépendantes dans les années 1950 et 1960 : la Libye, l'Algérie, le Niger, le Mali et la Haute Volta (actuel Burkina Faso). Ces jeunes formations politiques, construites sur le modèle occidental de l'État-nation, ont produit des modes de gouvernance, de territorialité et d'identification d'un nouveau type. Dans chacun de ces États, les zones désertiques où vivent les Touaregs occupent les périphéries, situées aux confins des nouvelles capitales politiques et administratives, que celles-ci soient méditerranéennes comme Tripoli et Alger, ou sahéliennes comme Bamako, Niamey et Ouagadougou. C'est pourquoi ces États apparaissent au Sahara comme de véritables fabriques à minorités, séparées de leurs anciens pôles d'attraction et reléguées aux marges de nouvelles centralités urbaines modelées à la période coloniale.

Le premier constat que l'on peut faire est qu'être « touareg » aujourd'hui renvoie à une identité qui, en plus de cent ans de colonisation et de postcolonisation, a profondément changé d'acception, que ce soit sur le plan de la signification, du référent ou des connotations implicites liées à cette notion. Le terme « Touareg », utilisé dans les écrits médiévaux de langue arabe, a une racine berbère *targa* (« creux de la vallée »). Mais les intéressés se nomment eux-mêmes *Amahagh*, *Amajagh* ou *Amashagh*, selon les accents en « h », en « j » ou en « sh ». Cette appellation, connue sous la forme *Amazigh* au nord de l'Afrique, est partagée par des populations appartenant, comme les Touaregs, à l'ensemble berbère. À partir des soulèvements touaregs des années 1990, le nom régional Kel Tamashaght, centré sur une particularité dialectale, est imposé pour dénommer tous les Touaregs en référence seulement à leur langue. Son abréviation en « Tamachek » par l'administration malienne féminise de manière baroque l'identité moderne des Touaregs devenus les « La-langue-touarègue » ou les « La femme touarègue ». Multipliant les euphémismes codés pour ne pas nommer ce qui « gêne » – « population du sud » en Algérie, « éleveurs » au Niger, « Bouzou » et « Bella » qui désignent les esclaves en haoussa et en songhay au Niger et au Mali –, les autorités étatiques postcoloniales ont cherché à minorer ou à nier l'identité touarègue pour mieux disqualifier les revendications politiques des Touaregs réclamant le droit à disposer d'eux-mêmes.

Se nommer porte ainsi une charge politique forte et immédiate dans l'espace saharo-sahélien. Le contrôle et l'érosion sémantiques appliqués à certaines appellations au profit d'autres noms, certains tout aussi endogènes mais plus locaux, plus restreints, moins génériques, permettent d'emblée de situer la place assignée à cette population dans le paysage politique des États.

Les enjeux du nom se retrouvent dans ceux du nombre : les Touaregs estiment aujourd'hui leur population à plus de trois millions d'individus, mais si l'on se réfère aux sources officielles, leur nombre global, tous pays confondus, ne dépasserait pas un million et demi, soit à peu près le même niveau qu'au moment des « indépendances » africaines. Et, depuis le conflit de 2012 au Mali, ces chiffres ont connu une déflation spectaculaire dans les discours publics, tenus au Mali comme en France par certains « experts », conduisant à faire des Touaregs une « minorité » démographique sur leurs propres terres. Alors que la population totale des États sahéliens a triplé depuis 1960, seuls les Touaregs connaîtraient une vertigineuse décroissance, au point qu'on se demande s'ils existent encore. Au-delà des trucages aisément repérables et sans parler du manque de recensements fiables en zones rurales nomades, la variabilité de ces chiffres correspond à de nouvelles façons de compter qui est « touareg » et qui ne l'est pas. Elle est à la mesure de l'enjeu politique que représente la démographie « ethnique » dans les États africains actuels.

Face à la colonisation française : la « révolution de Kawsen » des années 1910

À la fin du XIXe siècle, à l'arrivée des troupes coloniales françaises au Sahara, le territoire géré par les Touaregs est immense. Du nord de l'Ahaggar jusqu'au sud du fleuve Niger, de Bilma à l'est jusqu'à Tombouctou à l'ouest, il englobe des groupes humains d'origines et de modes de vie variés au sein d'un vaste réseau politique, économique, social et culturel, marqué par l'empreinte de la civilisation nomade. Le modèle politique touareg est polycentré, fondé sur la pluralité et la complémentarité des pouvoirs. Au cœur de ce dispositif, les fonctions d'arbitrage sont essentielles pour équilibrer les forces en concurrence dont la rivalité est vue comme un ferment nécessaire de dynamisme, mais également comme un danger de fission. Cinq pôles politiques structurent le monde touareg : l'Ajjer au nord-est, l'Ahaggar au nord-ouest, l'Aïr au sud-est, la Tademmekat au sud-ouest et la Tagaraygarayt (ou Azawagh) en position intermédiaire.

Pour traduire l'organisation complexe de ce système politique, les Touaregs ont recours à la métaphore du « corps » composé d'organes différents mais interdépendants, indispensables les uns aux autres pour assurer le bon fonctionnement du tout. Chaque partie du corps social est construite sur le même modèle, de la plus grande à la plus petite, perspective soulignant deux principes essentiels de ce mode d'organisation : d'une part, la relative autonomie dont jouissent les diverses entités sociales et, d'autre part, la nature révocable et renégociable des liens qui les associent sur la base de contrats déclinés en termes politiques, parentaux, socioprofessionnels... Ce dispositif permet de changer de position sociale, de fonction ou de catégorie d'activités selon les parcours et selon les circonstances, aboutissant à des configurations hiérarchisées mais fluides, chaque statut étant vu comme l'une des étapes d'un parcours universel. Dans ce contexte, le poids politique et social d'un individu ou d'un groupe se mesure à l'ampleur des réseaux de coopération et d'échanges qu'il peut bâtir et mobiliser. À l'inverse, les positions sociales précaires sont associées à l'isolement, au repliement et à l'incapacité de fabriquer du lien social et des alliés en dehors de l'environnement immédiat. C'est pourquoi, dans l'éducation des anciennes élites touarègues, l'apprentissage de plusieurs langues et la formation à différents savoirs, cultures et modes de vie étaient encouragés pour les garçons chargés d'affronter le monde extérieur. Jusqu'à aujourd'hui, la plupart des hommes des milieux nomades sont polyglottes, maîtrisant en plus de leur langue maternelle au moins deux ou trois autres langues (haoussa, songhay, arabe...).

Lorsque les forces coloniales françaises pénètrent en pays touareg – occupant Tombouctou en 1894, l'Ahaggar en 1902, Agadez en 1906 –, la défense du territoire est prise en charge par les spécialistes de la guerre au niveau de chaque confédération. En moins d'une décennie, les guerriers touaregs, qui affrontent les troupes coloniales à l'arme blanche, sont décimés. Tous les pôles politiques ont été contraints de se soumettre, à l'exception de l'Ajjer qui peut utiliser comme espace de repli le nord-est de son territoire, sous l'obédience d'une autre puissance coloniale : l'Empire ottoman. Beaucoup de chefs démissionnent, se sentant désormais incapables de protéger leurs affiliés. Cette défaite généralisée, appelée le « désastre » par les Touaregs, met la société tout entière en état de choc.

Dès les premiers heurts avec l'armée coloniale, une polémique s'est engagée chez les Touaregs sur la manière d'organiser la résistance, impliquant des stratégies politiques différentes. Les uns veulent résister dans le respect des valeurs anciennes de l'honneur, impliquant de rester dans le pays des ancêtres, de protéger les administrés et de rechercher des solutions négociées, du moins tant que la résistance armée n'est pas suffisamment équipée. D'autres n'admettent pas d'avoir à « partager le pays avec l'ennemi » [1] et choisissent l'exil, avec, pour la plupart d'entre eux, la perspective de refaire leurs forces et d'organiser une résistance extérieure.

Appartenant à ce courant, Kawsen, un Touareg noble originaire de l'Aïr, apparaît rapidement comme le leader d'une résistance anticoloniale d'un nouveau type. Face à un adversaire qui dispose d'armements modernes destructeurs et qui a pour but l'annexion du pays, il cherche non seulement à changer de stratégie militaire en introduisant la guérilla, mais aussi à réformer

1 Les expressions entre guillemets, traduites en français, proviennent des récits historiques touaregs.

complètement la société menacée d'extinction : pour lui, chacun, quelle que soit sa catégorie sociale, doit devenir pleinement responsable de ses actes. C'est pourquoi il engage les pacifistes et les protégés à combattre dans ses rangs et n'hésite pas à attaquer ceux qui collaborent avec l'occupant [2].

Il faudra dix-sept ans à Kawsen pour mettre sur pied une armée équipée et organisée dans le but de « faire recracher aux Français le pays des Touaregs et les éloigner des nations voisines ». Pour obtenir des armes, il a noué des alliances parfois contradictoires avec des partenaires variés, dont la confrérie senoussie au sud du Tibesti. Un an avant de revenir en pays touareg, il écrit à tous les chefs « prêts à l'entendre », pour les rallier à son projet de soulèvement général. En août 1916, il conduit sa troupe à Ghat et reprend la ville d'Agadez en décembre, fédérant les forces touarègues. C'est le début d'une longue série d'affrontements qui, avec la mobilisation de toutes les troupes françaises renforcées par l'armée coloniale anglaise, va aboutir au repliement de la résistance touarègue hors de l'Aïr, jusqu'à la pendaison de Kawsen par les Turcs en janvier 1919, après deux ans de lutte acharnée.

La répression est à la hauteur de la frayeur que la guerre de Kawsen a inspirée aux autorités coloniales françaises. De l'Ajjer jusqu'à la Tademmekat en passant par l'Aïr qui a perdu la moitié de sa population, le pays touareg est décimé et mis à sac. L'économie de l'élevage et des transports est ruinée, beaucoup de tribus sont déportées à proximité des villes dans des zones sous surveillance militaire. Mais la vision politique véhiculée par la révolution de Kawsen laisse des traces durables dans la société et les principes qu'il défendait – notamment l'abolition des catégories sociales, la responsabilité individuelle, une

2 Voir Hélène Claudot-Hawad, « Honneur et politique : les choix stratégiques des Touaregs pendant la colonisation française », *Revue du Monde musulman et de la Méditerranée*, n° 57, 1990, p. 11-49 ; et « Révolutionner l'opinion touarègue : les stratégies novatrices de Kawsen contre la colonisation du Sahara (début du XXe siècle) », *ArOr/Journal of African and Asian Studies*, n° 80-2, 2012, p. 243-258.

certaine centralisation du pouvoir exécutif avec le maintien des contre-pouvoirs dans l'assemblée politique, enfin l'idée que la défaite n'est pas irréversible – inspireront les mouvements de résistance à venir, qu'ils soient pacifiques ou armés.

Racialisés, tribalisés, bédouinisés : les Touaregs des Français

Le projet colonial a débuté au Sahara par un quiproquo né du modèle raciologique élaboré par la science européenne avec l'idée d'une hiérarchisation « raciale » entre les Européens, les Berbères, les Arabes et les Noirs. Pour les Touaregs, qui appartiennent au groupe « berbère », cette classification est affinée en un second niveau de distinction entre les Touaregs « de pure race », qui seraient les nobles, et les « Berbères nigritisés », ou « Négro-Berbères », relevant de « castes » de statut inférieur[3]. Cette dichotomie entre blancs nobles et métis asservis sera investie pour opposer les Touaregs du nord, qui représentent en quelque sorte les bons Touaregs à partir de 1902, car ils sont vaincus et soumis, à d'autres Touaregs – ceux de l'Aïr notamment –, considérés comme les « Touaregs les moins purs », que la France ne contrôlera pas avant 1919. En somme, ces classifications « scientifiques » rendent compte essentiellement des rapports des colonisés à la France.

Deux autres facteurs viennent compléter cette vision raciologique : l'influence de l'islam, présenté comme le moteur essentiel de toute marque d'opposition au colonisateur, et le mode de vie nomade, qui vouerait le peuple touareg au désordre et à l'anarchie. Parmi les mesures de « domestication » des Touaregs pendant la colonisation, deux recommandations hantent

---

3 Voir Paul ATGIER, « Les Touaregs à Paris », *Bulletins et mémoires de la Société d'anthropologie de Paris*, Ve Série, tome 10, 1909, p. 222-242 ; Dr J. HUGUET, « Sur les Touareg », *Bulletin de la Société d'Anthropologie de Paris*, Ve Série, tome 3, 1902, p. 614-642.

obsessionnellement les rapports militaires ou administratifs : soustraire les Touaregs à la propagande des marabouts et les sédentariser. Cette grille de lecture a des conséquences pratiques, comme l'exécution en 1916 de tous les religieux d'Agadez, soupçonnés à tort d'être les instigateurs de la révolte de Kawsen.

Après la guerre de Kawsen, les années moroses de la « soumission » se caractérisent par l'implantation durable de l'administration coloniale française et la mise en œuvre de sa logique organisationnelle en pays touareg. Pour contrôler et rentabiliser ce territoire, qui fera l'objet de nombreux découpages, l'administration française veut « mettre de l'ordre » dans la structure politique et sociale des Touaregs, réinterprétant et fabriquant des « coutumes » utiles à ses objectifs. Les grands pôles politiques touaregs sont fragmentés et les espaces confédéraux tribalisés en une multitude d'entités administrativement indépendantes. De nouvelles chefferies sont créées pour affaiblir les anciens pouvoirs et récompenser les groupes qui n'ont pas opposé de résistance aux troupes coloniales. C'est le cas par exemple des Ifoghas de l'Adagh, érigés en pôle politique autonome, avec la création à leur tête d'un « amenokal », appellation ancienne pour désigner une fonction nouvelle.

La mobilité nomade, qui jouait un rôle important dans la vitalité des grands réseaux sociaux, économiques et culturels tissés à travers toute la zone saharo-sahélienne, est entravée par l'administration coloniale qui contrôle tous les déplacements. L'installation sur les terres touarègues de groupes extérieurs venus dans le sillage de la colonisation se fait avec la complicité des autorités, sans arrangement préalable avec les Touaregs, si bien que la gestion stricte des ressources végétales fragiles qui permettaient leur régénérescence ne peut plus s'exercer. La tribalisation du territoire, exploité à l'échelle de périmètres de plus en plus restreints, prépare les catastrophes écologiques qui ne tarderont pas à venir.

L'organisation coloniale qui s'est alors mise en place n'est pas seulement administrative et ne consiste pas uniquement à réorienter les bénéfices des activités productives sahariennes vers l'État français, ni à imposer des élites formées pour ses propres intérêts : elle inculque également une nouvelle perception des identités et des appartenances dans l'espace saharo-sahélien. L'école, qui recrute essentiellement dans les milieux sédentaires, va véhiculer cette grille de lecture, structurant l'imaginaire des élites locales à venir. Ethnicisés, blanchis, bédouinisés et tribalisés par la vision coloniale française, les Touaregs parlent une langue politique de plus en plus inaudible par les pouvoirs en place. Leurs discours, leurs poésies, leurs chants évoquent la violence de ce processus de fragmentation et de dissociation par les images récurrentes de la trame déchirée, du pays déchiqueté, du corps écartelé, de la tente tailladée. La question qui taraude la majorité des Touaregs demeure : comment « raccommoder les déserts » pour continuer d'exister ?

À partir de 1954, avec la découverte d'importants gisements de gaz puis de pétrole, le Sahara devient un enjeu politique et économique majeur pour la France qui, en pleine guerre d'Algérie, crée l'Organisation commune des régions sahariennes (OCRS) afin de conserver le contrôle de ces richesses minières. Territorialement, ce projet est le seul cohérent pour les Touaregs. Dès 1957, ils adressent au président Charles de Gaulle des pétitions et des lettres ouvertes signées par les « Touaregs et leurs assimilés » – incluant tous les groupes que la lecture ethno-raciale française avait dissociés –, et demandent aux Français de « rendre le pays » tel que ces derniers l'ont « arraché après la défaite de Kawsen ». Aucune réponse ne parviendra à ces lettres, hormis l'arrestation de leurs promoteurs les plus influents. Ce qui est vécu par les Touaregs comme le « démembrement de leur corps » politique et social est entériné par la « décolonisation ». De son côté, la France a résolu son problème minier en établissant avec les nouveaux États des accords de défense centrés sur la coopération dans le « domaine des matières premières et produits stratégiques », c'est-à-dire les hydrocarbures, l'uranium, le thorium, le lithium... Enfin, au Sahara, les essais nucléaires français inaugurés en 1960 se poursuivront sur le sol de l'Algérie indépendante jusqu'en 1967.

1960-2000 : le « pays déchiqueté »

Après les « indépendances », les nouvelles frontières étatiques qui traversent l'espace touareg se rigidifient et asphyxient la vie touarègue. L'enjeu sous-jacent de ces entraves à la mobilité nomade est l'extraction du pétrole et du gaz, dont les réserves les plus importantes se trouvent sur le territoire touareg du côté algérien et libyen. L'objectif est d'interrompre les liens entre Touaregs du sud et du nord, et d'étouffer toute velléité de revendication communautaire qui prendrait rapidement une extension supra-étatique.

C'est dans ce contexte que l'Algérie interdit les caravanes et les mouvements pastoraux transfrontaliers en 1963. Les Touaregs les mieux intégrés au système étatique se soulèvent dans l'Adagh désormais malien, privés des terres et des liens qui les rattachaient à l'Ahaggar reversé du côté algérien. La révolte sera matée dans le sang par l'armée malienne qui s'en prend aux civils, laissant jusqu'à aujourd'hui des cicatrices indélébiles. Les pratiques de terreur, instaurées pendant la colonisation pour décourager tout soutien de la population aux mouvements de résistance, ont été reconduites par les troupes du Mali indépendant, constituées d'anciens « tirailleurs sénégalais » de sinistre mémoire au Sahara. Elles fourniront le modèle privilégié utilisé pour réprimer chaque différend touareg avec l'ordre établi dans les États sahéliens. Les insurgés de l'Adagh seront livrés aux autorités maliennes par l'Algérie « révolutionnaire ».

Alors que les régions saharo-sahéliennes peinent à se remettre de la grande sécheresse de 1973-1974, un système répressif du même ordre se met en place du côté nigérien, au moment où l'exploitation de l'uranium par la SOMAÏR (filiale de l'actuelle compagnie française Areva) prend de l'ampleur à Arlit, dans l'Aïr. Les moindres mouvements transfrontaliers sont surveillés et durement réprimés. Les arrestations arbitraires, les tortures, les emprisonnements sans jugement s'intensifient.

C'est dans ces années sombres que les jeunes gens qui circulent clandestinement entre les frontières à la recherche d'un travail dans les chantiers pétroliers algériens ou libyens, commencent à s'organiser. Ces migrants économiques, appelés *ishumar* (du terme français « chômeur »), vont rapidement incarner un nouveau courant politique, celui des nomades interrompus qui taillent leur vie dans les marges et la clandestinité. Leur poésie contestataire, accompagnée à la guitare électrique et enregistrée sur des cassettes audio, circule entre les campements. Le portrait que les *ishumar* renvoient d'eux-mêmes est choquant pour la société, mais paraît seul capable d'affronter la modernité destructive de ces États qui ne veulent pas d'eux [4].

En 1980, le colonel Kadhafi ouvre ses camps de formation militaire aux Touaregs. De nombreux jeunes gens venant des États sahéliens s'y engagent, acceptant de combattre et souvent de mourir dans des guerres qui ne sont pas les leurs, pour acquérir le savoir militaire moderne qui leur permettra un jour de libérer leur pays. Au fil des crises, fuyant l'oppression politique, la misère, l'absence de débouchés, l'impossibilité d'être nomade et la sécheresse de 1984, les déplacés sont souvent regroupés et consignés dans des camps installés en particulier à la frontière algérienne, sans possibilités d'embauche ni d'insertion économique, devenant des immigrés dans leur propre pays.

En 1990, au Niger, le détournement des fonds internationaux affectés à la réinsertion des dizaines de milliers d'exilés touaregs, revenus d'Algérie et de Libye sur l'instigation du gouvernement, met le feu aux poudres. La rébellion s'étend rapidement du côté malien. L'armée, de part et d'autre de la frontière, se livre à de sanglantes représailles contre les civils. Le dossier

---

4 Sur la formation de ce courant, voir HAWAD, « La teshumara, antidote de l'État », *Revue du Monde musulman et de la Méditerranée*, n° 57, 1990, p. 123-140.

est rapidement pris en main par les États impliqués directement dans la politique saharienne et la gestion de la manne minière. Les services secrets de l'Algérie, de la Libye et de la France sont particulièrement actifs, façonnant chacun leur chef rebelle, pour aboutir finalement à des solutions négociées en janvier 1991 au Mali et en mai 1992 au Niger. Pour entrer dans le cadre de ces accords de paix, la dimension « touarègue » des fronts initiaux (Front de libération du peuple touareg et Mouvement de libération touarègue) a été effacée et reconfigurée dans des périmètres régionaux infra-étatiques : l'Azawad du côté malien ; l'Aïr et l'Azawagh du côté nigérien.

En dépit du reformatage régional des fronts armés et de l'acceptation d'un règlement éclaté de la « question touarègue » qui ne remet plus en cause les frontières postcoloniales, les revendications des mouvements seront partout rejetées au nom de leur caractère « anticonstitutionnel ». Dans chaque État, les accords qui prévoyaient une relative autonomie régionale (et notamment une redistribution plus transparente et démocratique des ressources), ainsi qu'une meilleure intégration des Touaregs à la « nation », ne seront appliqués que très partiellement : la solution mise en œuvre par les gouvernements consistera plutôt à travestir en lutte des races, des ethnies et des castes, la question d'ordre politique posée par les Touaregs.

Dans les années 1990, les opérations les plus meurtrières contre les civils interviendront non pas avant, mais après les accords de paix. Elles seront menées par des milices paramilitaires (songhays au Mali et arabes au Niger), armées et manipulées par les autorités de ces États sur la base de l'idéologie racialiste et ethniciste de la période coloniale. Les appels au meurtre lancés contre les « peaux rouges » entraîneront au Mali des tueries de centaines de civils touaregs et maures, ainsi que le pillage et la destruction de leurs biens, y compris le bétail [5].

---

5 Voir témoignages et analyses dans Hélène Claudot-Hawad et Hawad (dir.), *Touaregs. Voix solitaires sous l'horizon confisqué*, Survival International,

Du côté nigérien, c'est à la dimension « ethnique » berbère et à la pratique supposée imparfaite de l'islam qui lui est associée que s'en prendront les milices « arabes et islamiques » obtenant en récompense des prêts bancaires avantageux dans l'économie du trafic illégal de cigarettes et de drogue. Concernant les massacres, le silence le plus total règne alors sur la scène internationale : les enquêtes réclamées par les associations touarègues sur les exactions contre les civils perpétrées par l'armée et les milices paramilitaires au Mali et au Niger n'aboutiront jamais.

Finalement, dans le règlement de ces conflits, les accords de paix – qui impliquaient une véritable démocratisation des systèmes politiques malien et nigérien – ont surtout servi aux autorités à gagner du temps, sans volonté manifeste de mise en application. Les pouvoirs, soutenus par leurs différents partenaires, ont misé sur des solutions de type génocidaire, comptant sur la terreur pour régler les problèmes, conduire à l'autodestruction des communautés du nord et à l'abandon des territoires touaregs convoités par l'industrie minière.

Amalgame : les Touaregs intégrés dans l'« axe du mal »

Dans les années 2000, ce canevas va se répéter sporadiquement, à quelques variantes près sur la manière de décliner les différences censées opposer les groupes sociaux. Alors que la crise du pétrole et l'importance économique accrue de l'uranium font monter la tension au Sahara, les enlèvements de touristes par des groupes qualifiés d'« islamistes » commencent à partir de 2003. Les fronts armés touaregs renaissent en 2006 au Mali et en 2007 au Niger. Bien qu'ils s'inscrivent dans les cadres nationaux hérités de la décolonisation, ces mouvements sont immédiatement accusés d'« ethnicisme »,

---

Ethnies Documents, n° 20-21, Paris, 1996 (disponible sur : <http://halshs.archives-ouvertes.fr>).

de « communautarisme » et bientôt de « terrorisme » – selon la sémantique américaine si commode pour disqualifier les opposants politiques. Pendant ce temps, le gouvernement nigérien continue de vendre des permis de prospection ou d'exploitation à des compagnies minières internationales sur les terres pastorales des Touaregs de l'Aïr et de l'Azawagh, sans jamais les avoir consultés (plus de cent « blocs » en 2008).

Le péril terroriste qui s'exhibe brutalement en 2012 dans la zone saharo-sahélienne, et qui donne naissance à un amalgame entre « terrorisme » et « Touaregs », a en fait été cartographié dès 2001, dans les mois qui ont suivi le 11 Septembre. L'enlèvement au Sahara, début 2003, de trente-deux otages européens par le Groupe salafiste pour la prédication et le combat (GSPC), sous la direction d'un ancien militaire algérien dont l'itinéraire atteste qu'il s'agit d'un agent infiltré du Département de renseignement et de sécurité algérien (DRS), apparaît comme l'événement déclencheur [6]. Il permettra à l'administration du président américain George W. Bush d'agiter le spectre d'Al-Qaida au Sahara, en adoptant la ligne d'Alger, et d'étendre la chasse aux extrémistes, de la corne de l'Afrique à l'Atlantique (*via* la Pan-Sahel Initiative puis la Trans-Saharan counter-Terrorism Initiative).

Le *Rapport sur le terrorisme dans le monde* publié en avril 2007 par le Département d'État américain produit une carte explicite qui désigne comme *terrorist area* pratiquement toute la zone saharo-sahélienne, en particulier celle où évoluent les Touaregs. Ce rapport manie sans cesse la dichotomie simpliste entre un monde civilisé et régulé par l'autorité étatique, dont l'Occident aurait le monopole, et l'espace sans foi ni loi des « tribus », aboutissant à des injonctions d'intervention au nom de la sécurité du monde. Le glissement entre supposition et réalité est opéré en 2008 par la presse américaine, insinuant qu'AQMI serait aidée par des « tribus nomades

6 Voir le chapitre de François Gèze dans cet ouvrage, p. 148.

connues sous le nom de Touaregs, un groupe ethnique berbère qui est en lutte avec le gouvernement du Mali » et que sa trésorerie serait assurée par le trafic de drogue [7]. L'amalgame réalisé entre « islamistes », « terroristes », « Touaregs », « nomades » et « trafiquants » dessine ainsi une « zone de non-droit » livrée aux « tribus », et donc à l'anarchie, au désordre, à la délinquance. On retrouve ici la sémantique et le schéma appliqués entre autres à l'Afghanistan par les autorités américaines.

Entre-temps, l'ancien GSPC algérien, devenu AQMI en 2007, se développe au Nord du Mali. L'Algérien Mokhtar Belmokhtar, l'un des chefs de l'organisation au Sahara pour le compte du DRS, s'assure des complicités locales dans l'Azawad dans le milieu arabophone proche de l'Algérie et s'intègre dans les réseaux de contrebande de cocaïne que des dirigeants hauts placés dans les appareils étatiques de la région laissent opérer entre Mali, Mauritanie, Sahara occidental, Algérie, Niger et Libye, tant les bénéfices perçus sont juteux. Plusieurs groupes d'AQMI opèrent alors dans la zone saharo-sahélienne, nantis de véhicules lourdement armés qui se déplacent au grand jour sans se dissimuler, circulant aisément entre les frontières et continuant de se ravitailler en Algérie.

Dans ce contexte, alors que la presse internationale rend compte du vaste mouvement de contestation qui s'ébranle dans le « monde arabe », les mouvements armés touaregs continuent leur lutte sans micro ni écho. En octobre 2011, le Mouvement national de libération de l'Azawad (MNLA), fondé par des Touaregs du côté malien, naît de la fusion entre le Mouvement national de l'Azawad (MNA) et l'Alliance touarègue du Nord-Mali pour le changement (ATNMC). Il s'appuie sur les valeurs officiellement reconnues par la communauté internationale : droit des peuples à disposer d'eux-mêmes, droit des peuples autochtones, droits de l'homme, pour réclamer le « droit existentiel à sa terre », exprimant l'idée que tous les

---

7 Voir par exemple Daniel Williams, « Al-Qaeda Sahara Network Spurs U.S. to Train Chad, Mali Forces », <www.bloomberg.com>, 23 avril 2008.

contrats miniers signés par le Mali dans l'Azawad doivent être annulés, car illégaux. Sa ligne politique est républicaine, laïque et pluricommunautaire. En février 2012, face au mutisme du gouvernement malien, le MNLA engage l'action armée et rencontre ses premiers succès significatifs. Il revendique clairement l'« indépendance de l'Azawad ».

À peine deux mois après la création du MNLA, a surgi un autre mouvement touareg, Ansar Eddine, dirigé par Iyad Ag Ghali. Se réclamant du salafisme, celui-ci ne vise pas l'indépendance de l'Azawad, mais l'instauration de la charia dans tout le Mali et l'Afrique de l'Ouest. Iyad Ag Ghali s'exprime bruyamment dans les médias et donne l'occasion aux responsables politiques internationaux de brandir à nouveau la menace islamiste comme étendard de la terreur, qui légitimerait une intervention militaire soutenue par la communauté internationale. Cet ancien chef de la rébellion touarègue des années 1990, travaillant ensuite pour le gouvernement malien, a été en 2003 le médiateur principal dans l'affaire des otages européens enlevés par le GSPC dans le Sahara : il aurait été chargé d'« infiltrer les groupes d'Abou Zeïd et Belmokhtar *via* la katiba Ansar Essuna, selon un plan bien établi avec les services secrets maliens et algériens [8] ». Alors qu'il assume des fonctions diplomatiques en Arabie saoudite pour le gouvernement malien en 2007, il se rapproche des courants salafistes financés par les Saoudiens. Ansar Eddine apparaît ainsi comme un groupe spécialement créé, à l'initiative d'abord du DRS algérien, pour diviser le front indépendantiste touareg et le « dégarnir en hommes ». On a affaire, en somme, au traitement habituel des dynamiques insurrectionnelles par les services secrets, travaillant toutes les lignes de fracture possibles.

Après l'offensive du MNLA au Nord-Mali, le gouvernement de Bamako est renversé le 22 mars 2012 par un militaire

---

8 Issane Ansar, « Métastases du salafisme algérien à l'épreuve des soubresauts sahariens et des rébellions azawadiennes », *Les Chroniques de la Rue de la poussière* (<http://ruedelapoussiere.blogspot.fr>), 1er avril 2012.

inconnu, le capitaine Amadou Haya Sanogo, formé aux États-Unis [9]. Le putschiste remet notamment en cause toute idée d'ingérence étrangère pour résoudre la crise malienne. Sous la pression internationale, Sanogo consent toutefois à rendre le pouvoir aux civils le 6 avril 2012. Le même jour, le MNLA déclare l'indépendance de l'Azawad. Alors que l'armée malienne a fui le nord en abandonnant tout son arsenal, une nouvelle carte militaire se dessine, cette fois clairement dominée par trois groupes salafistes : AQMI, émanation de l'ancien GSPC algérien ; le MUJAO, né en décembre 2011, dont le noyau est constitué de Sahariens arabophones qui recrutent dans les camps sahraouis ainsi que chez les sédentaires saharo-sahéliens et subsahariens ; et Ansar Eddine, formé de Touaregs liés à Iyad Ag Ghali qui dispose de moyens importants pour nourrir, équiper et payer ses combattants. Le MNLA au contraire paraît alors avoir épuisé ses ressources et plusieurs de ses combattants sont aspirés par Ansar Eddine. L'amalgame entre mouvements insurrectionnels indépendantistes et djihadistes s'opère rapidement dans les déclarations officielles et la presse. Tous les ingrédients utiles à la constitution d'un climat d'épouvante – vols, viols, amputations, exécutions publiques, destruction de patrimoine, enfants soldats, trafic de drogue – se mettent en place et sont déversés à la une des médias occidentaux, alors même qu'aucun observateur n'a encore accès au terrain.

Deuxième acte : l'intervention militaire française

Face à la décomposition de l'État malien au sud comme au nord, les puissances internationales sont divisées sur les mesures à prendre : d'un côté, l'axe algéro-américain prône une solution négociée avec les insurgés. De l'autre, la

---

9 Voir les chapitres de Jean-Louis Sagot-Duvauroux et Eros Sana dans cet ouvrage, p. 91 et p. 106.

France – avec dans son sillage la CEDEAO – promeut une intervention armée dans le nord avec l'aval de l'ONU. Alors que l'Algérie s'emploie à faire admettre Iyad Ag Ghali comme interlocuteur valable pour une résolution politique du conflit et après une tentative avortée de rapprochement entre le MNLA et Ansar Eddine toujours sous l'égide algérienne, les indépendantistes semblent définitivement évincés et chassés de la scène militaire, politique et médiatique.

L'opinion touarègue elle-même apparaît divisée. Des déclarations et des lettres ouvertes signées par des Touaregs se démarquant du MNLA et l'accusant de ne pas être représentatif sont médiatisées. L'aspiration à l'intégration nationale exprimée par ces Touaregs ne les protège cependant pas de la vindicte populaire. Plusieurs d'entre eux voient leurs magasins ou leurs maisons attaqués et pillés par les miliciens soutenus par l'armée, que ce soit à Bamako ou dans les villes du nord.

Les images choquantes des exactions pratiquées par les islamistes suscitent, à juste raison, une émotion intense dans le monde entier. La surenchère dans l'outrance et l'horreur permet d'évacuer le problème politique de fond que posaient les indépendantistes. À ce stade, l'opinion internationale apparaît parfaitement conditionnée pour accepter la gestion exclusivement sécuritaire du problème du nord. L'intervention armée de la France au Mali en janvier 2013 est saluée internationalement. Les opérations d'éradication des djihadistes semblent être un succès. Les villes de l'Azawad sont reprises aux « terroristes », les dégâts collatéraux sont ignorés, les autorités maliennes locales sont rétablies dans leurs fonctions et l'armée malienne se réinstalle au nord, sauf à Kidal où les mouvements indépendantistes ou islamiques non djihadistes ont repris position. Le MIA (Mouvement islamique de l'Azawad) ou encore le MAA (Mouvement des Arabes de l'Azawad, issu du MUJAO) se sont créés après l'intervention militaire de la France, déclarant rompre avec les « terroristes », pour se repositionner dans le jeu politique de l'Azawad. Confortée par le soutien français, l'armée malienne reprend ses pratiques habituelles en s'attaquant aux civils, de même que les milices paramilitaires présentées sobrement par les médias français comme de « jeunes patriotes maliens ». Le délit de teint clair déclenche à nouveau des tueries au Mali. Les exécutions extrajudiciaires, les pillages et les destructions de biens menés par l'armée malienne contre les civils touaregs et maures se multiplient et, selon le scénario déjà joué depuis cinq décennies, sont systématiquement niés par les autorités maliennes.

Derrière les silences officiels et les schémas simples présentés par les médias sur la guerre au Mali, la situation reste particulièrement nébuleuse et les protagonistes sont loin d'être clairement identifiables. Les connexions locales multiples par exemple entre des représentants de l'État malien, des narcotrafiquants, des djihadistes et des miliciens, invalident constamment le récit proposé à l'opinion publique. Parmi les nombreux faits qui défraient la chronique, citons l'affaire du 4 février 2013 relatée par la presse malienne elle-même : deux narcotrafiquants notoires, promoteurs du MUJAO, auraient été arrêtés par des militaires français et maliens, et libérés, avant leur transfert devant la justice à Bamako, par trois fonctionnaires de l'État malien : le maire de Gao et deux officiers supérieurs de l'armée malienne, l'un maure et l'autre touareg. L'un de ces deux narcotrafiquants aurait déjà été interpellé par la justice malienne au sujet d'un avion rempli de cocaïne, échoué en 2009 au nord de Gao, mais relâché en 2011 sur instruction de la présidence de la République… Interrogé sur ces affaires sur France 24 le 12 mars 2013, le maire de Gao nie tout en bloc, de la même façon qu'il dément avec véhémence l'existence des exactions (pourtant bien documentées) perpétrées contre les civils à peau claire, ou l'idée d'une marginalisation quelconque des Touaregs qui, précise-t-il, sont surreprésentés (environ deux tiers des élus de sa circonscription), alors que les Touaregs ne constitueraient selon lui que « 2 % de la population du nord », chiffres en effet difficiles à concilier ! Contrairement à la grille de lecture proposée par la presse, il n'y a ici ni « ethnie », ni « race », ni « tribu » en jeu, mais seulement des intérêts faramineux produits par des activités criminelles menées avec la complicité de personnes placées au plus haut sommet de l'État, sans compter les membres du réseau extérieurs au Mali.

Si l'attention est focalisée aujourd'hui sur le Mali, on retrouve des dysfonctionnements comparables au Niger : financement de la politique par les narcotrafiquants, corruption des élites, expansion salafiste financée par les pays du Golfe… D'ailleurs, pour les Touaregs, la situation y est encore plus grave en raison de leur exclusion quasi totale de la fonction publique et des services de l'État comme l'éducation (alors qu'au Mali, un certain nombre de Touaregs ont pu faire de hautes études), et surtout de l'annexion concrète de leurs terres par les compagnies minières qui en interdisent l'accès avec l'appui de l'armée. La dépossession territoriale est matérialisée ici par la dévastation des ressources nomades pastorales, mais aussi culturelles. Alors que l'incendie présumé de manuscrits anciens à Tombouctou a fait l'objet d'une condamnation internationale unanime, aucune indignation n'a jamais pu percer au sujet de la destruction massive par Areva et d'autres compagnies minières de milliers de gravures, de peintures rupestres et d'inscriptions tifinagh d'une valeur inestimable pour les Touaregs et pour l'humanité. Finalement, c'est dans le domaine politiquement discret de l'art ou de la fiction que la brutalité de ces amputations territoriales peut être évoquée en évitant la censure [10].

Questions souterraines : l'enjeu central des ressources minières du Sahara

Le spectacle du danger présenté à l'opinion publique à travers des images fortes a opacifié les réalités en les déconnectant du contexte de compétition mondiale intense

---

10 Voir en particulier le téléfilm de Frédéric Garson, *Qui sème le vent*, Arte, 2 décembre 2011.

pour l'accès aux ressources minières du Sahara. En fait, l'enjeu essentiel de la question saharo-sahélienne ne se joue pas à l'échelle locale. Il concerne l'économie mondiale et le redécoupage des zones d'influence entre les puissances internationales avec l'entrée en scène de nouveaux acteurs (américains, chinois, canadiens, etc.) qui bousculent l'ancien paysage colonial. En intervenant au Mali, la France s'est positionnée dans ce jeu d'influences et d'intérêts politiques et économiques en cours de reconfiguration au Sahara central.

L'accès convoité aux richesses minières (pétrole, gaz, uranium, or, phosphates...) présentes dans les sous-sols du Niger, de la Libye et de l'Algérie – et aussi du Mali d'après des prospections plus récentes –, est au centre de la bataille invisible qui se déroule dans le désert. Les communautés locales n'ont jusqu'ici jamais compté en tant que telles, mais seulement comme leviers de pression qu'ont systématiquement cherché à manipuler les États en concurrence. C'est ainsi que les revendications politiques touarègues ont toujours été contenues dans les limites strictes d'une autonomie régionale, d'ailleurs jamais appliquée par les États ; et c'est pourquoi l'autre manette d'action que représentent les islamistes est devenue une réalité saharienne. En revanche, la question des liens étroits entre les groupes islamistes au Sahara et des États qui ont fait de leur manipulation une stratégie sécuritaire et politique, n'est pratiquement jamais évoquée. De même qu'un silence de plomb règne sur les interventions constantes des services secrets français, algériens et libyens pour contrôler à leur profit la rébellion touarègue depuis 1990 [11], la divisant en groupes rivaux destinés à se neutraliser les uns les autres. Au lieu de se pencher lucidement sur la « question touarègue », sur la situation de spoliation et d'oppression dénoncée par les mouvements contestataires touaregs depuis cinquante ans, et sur la

11 Voir le livre de l'ancien directeur de la DGSE, de 1989 à 1993 : Claude Silberzahn (avec Jean Guisnel), *Au cœur du secret. 1 500 jours aux commandes de la DGSE*, Fayard, Paris, 1999.

nécessaire refondation démocratique des États de la région, les diverses puissances concurrentes sur le sol saharien semblent préférer la logique de la force et de la terreur pour dégager les espaces utiles à leurs projets miniers et à leurs aires d'influence.

Sous la pression des nouveaux contextes politiques nationaux et internationaux, les mouvements insurrectionnels touaregs ont fortement modifié leurs axes de mobilisation et d'action, dans la forme comme dans le contenu. Ils sont passés d'un projet d'indépendance politique de tout le « pays touareg et de ses lisières » (Kawsen) à des revendications politiques et territoriales de plus en plus restreintes, en s'adaptant aux nouveaux paysages étatiques ou aux modes mondialisés de contestation de l'ordre occidental dans le registre djihadiste, au prix de nombreuses frictions avec une partie de l'opinion touarègue. Dans le difficile face-à-face que ces mouvements mènent avec les États et leurs tutelles internationales, ce qui pose encore problème, au-delà du caractère supra-étatique de l'identité touarègue, est bien sa dimension territoriale, car la terre et ses richesses fossiles sont au centre de la guerre du Sahara. Finalement, le « danger » à éradiquer semble être plus indépendantiste qu'islamiste. Derrière la poudrière saharienne et ses imbroglios inouïs, se profile l'échec cuisant des États postcoloniaux dits indépendants et de leurs élites, modelés spécialement pour préserver les intérêts des puissances internationales anciennes et montantes, au détriment complet de leurs peuples, souffrants, réprimés, brisés, manipulés, interdits de voix, d'espoir, de futur et dont le désir de vie se transforme peu à peu en désir de mort, pour des soulèvements à venir de plus en plus désespérés.

7

Le jeu trouble du régime algérien au Sahara

FRANÇOIS GÈZE*

« Intégristes », « terroristes », voire « salopards » : les qualificatifs n'ont pas manqué dans les grands médias occidentaux, mais aussi dans les cercles militants, de l'extrême droite à l'extrême gauche, pour qualifier les divers mouvements se réclamant de l'islam radical actifs au nord du Mali depuis 2012 – et, pour certains d'entre eux, depuis le début des années 2000. Et, de fait, au nom d'une interprétation ultrarigoriste de la charia, certains dirigeants locaux de ces groupes radicaux (AQMI, Ansar Eddine ou MUJAO) et leurs affidés ont infligé en 2012 aux habitants des villes du Nord-Mali qu'ils avaient conquises (comme Gao ou Tombouctou) des violences intolérables, dont ont témoigné plusieurs rapports d'ONG de défense des droits de l'homme. En s'en tenant à ces faits indiscutables, on comprend les nombreuses voix recueillies par les médias occidentaux dans les populations maliennes, du nord comme du sud du pays, pour saluer l'intervention militaire française de janvier 2013.

Ce tableau n'est toutefois pas aussi simple qu'il y paraît. Car on ne peut réduire les agissements criminels au Mali des

---

* Directeur des Éditions La Découverte et membre de l'association Algeria-Watch.

groupes armés se réclamant de l'islam à la simple expression d'une idéologie obscurantiste. Celle-ci existe assurément et peut animer nombre de jeunes en déshérence, qui y trouvent une voie pour exprimer leur révolte ou pour sortir de leur misère, grâce aux soldes distribuées par les chefs de ces groupes. Mais ces derniers sont aussi largement instrumentalisés par divers acteurs étatiques de la région, au premier rang desquels les services secrets algériens, voire également par les services de puissances étrangères (France, États-Unis, États du golfe Arabo-Persique). Pour tenter d'y voir plus clair, il faut donc revenir sur l'histoire des « groupes islamistes » du Sahara et sur le rôle singulier joué par le régime algérien dans cette partition.

La manipulation de la violence terroriste dans la « sale guerre » des années 1990

Cela implique d'abord de rappeler quelques évidences quant à la nature du régime au pouvoir à Alger, tant celle-ci semble toujours ignorée ou, au mieux, mal comprise par les médias occidentaux. Le régime militaire à façade civile qui a pris le pouvoir à la faveur du coup d'État de janvier 1992 – dont l'objet immédiat était d'annuler les élections législatives qui allaient donner la majorité au Front islamique du salut (FIS) – est l'héritier direct du régime autoritaire instauré dès l'indépendance en 1962 [1]. Au cœur de ce pouvoir : les chefs de l'Armée nationale populaire (ANP) et de la Sécurité militaire (SM), la police politique devenue Département de renseignement et de sécurité (DRS) en 1990. Pour défendre leurs privilèges et l'accaparement à leur profit de circuits de corruption d'une ampleur inédite, ces généraux « janviéristes » – souvent très liés à la France – ont

1 Pour un historique détaillé du pouvoir réel en Algérie, voir notamment : François Gèze, « Armée et nation en Algérie : l'irrémédiable divorce ? », *Hérodote*, n° 116, 1er trimestre 2005 (cet article, comme beaucoup de ceux cités dans ce chapitre, est accessible sur le site de référence <Algeria-Watch.org>).

conduit dans les années 1990 une terrible guerre « contre-insurrectionnelle » contre leurs opposants islamistes et l'ensemble de la population, qui a fait quelque 200 000 morts [2].

L'un des axes majeurs de cette guerre a été l'infiltration, puis la manipulation directe par le DRS, des groupes armés se réclamant de l'islam – principalement le Groupe islamique armé (GIA), apparu en septembre 1992 –, dans la grande tradition des « faux maquis » créés par l'armée française pendant la guerre d'indépendance [3]. Très largement contrôlés par le DRS à partir de 1996, ces « groupes islamiques de l'armée », comme les a qualifiés de longue date la rue algérienne – pas dupe de la désinformation systématique orchestrée par le service d'action psychologique du DRS –, ont notamment été utilisés pour commettre les atroces massacres de masse de l'automne 1997, dans le cadre de la lutte des clans au sommet du pouvoir [4].

Telle est la matrice contextuelle qu'il faut impérativement prendre en compte pour comprendre le jeu du régime algérien au Sahara et dans le Sahel depuis le début des années 2000. Auparavant, même aux pires heures de la « sale guerre » des années 1990, cette région avait été totalement épargnée par le « terrorisme islamiste » sous influence : l'immense zone saharienne, très peu peuplée, est en effet le

---

2 Voir Lounis AGGOUN et Jean-Baptiste RIVOIRE, *Françalgérie, crimes et mensonges d'États. Histoire secrète, de la guerre d'indépendance à la « troisième guerre » d'Algérie*, La Découverte, Paris, 2004.

3 Une réalité désormais parfaitement documentée. Voir notamment le témoignage d'un ancien officier du DRS : Mohammed SAMRAOUI, *Chronique des années de sang. Algérie : comment les services secrets ont manipulé les groupes islamistes*, Denoël, Paris, 2003 ; ou encore celui d'un ancien officier des forces spéciales de l'ANP : Habib SOUAÏDIA, *La Sale Guerre*, La Découverte, Paris, 2001. Ainsi que l'étude détaillée de Salima MELLAH, *Le Mouvement islamiste algérien entre autonomie et manipulation*, CJA/TPP, <www.algerie-tpp.org>, mai 2004.

4 Voir l'étude également extrêmement documentée de Salima MELLAH, *Les Massacres en Algérie, 1992-2004*, CJA/TPP, <www.algerie-tpp.org>, mai 2004. Ainsi que : François GÈZE et Salima MELLAH, « Crimes contre l'humanité », postface à Nesroulah YOUS, *Qui a tué à Bentalha ? Algérie, chronique d'un massacre annoncé*, La Découverte, Paris, 2000

cœur de la richesse nationale, l'exploitation des hydrocarbures (pétrole et gaz). Son contrôle assure aux généraux du pouvoir les confortables rentes à l'origine de leur enrichissement personnel, par le biais des commissions occultes sur les exportations d'hydrocarbures et les importations de biens de consommation qu'elles financent[5]. Ces rentes leur permettent également, en en redistribuant une partie, de s'aliéner une cohorte significative de responsables politiques ou membres de la fausse « société civile » composant la « façade démocratique » de l'« Algérie Potemkine ». Dès lors, il est logique que les généraux d'Alger aient scrupuleusement veillé, tout au long des années 1990, à maintenir le Sahara pétrolier à l'écart de la « violence terroriste » qu'ils manipulaient au nord du pays.

Mais les attentats du 11 septembre 2001 aux États-Unis ont changé la donne. Les généraux Larbi Belkheir (l'un des principaux hommes de l'ombre du pouvoir réel depuis le début des années 1980[6]), Mohammed Médiène et Smaïl Lamari (respectivement numéros un et deux du DRS depuis 1990) ont alors rapidement compris avec leurs pairs que les effets de cet événement hors normes pourraient les aider à retrouver au sein de la « communauté internationale » une légitimité qu'avait altéré l'écho mondial de leurs exactions des années 1990 (même s'ils avaient réussi à l'atténuer grâce au soutien sans faille de Paris et à l'habileté de la désinformation organisée, notamment en direction des médias français, par le service d'action psychologique du

5 Un ancien dirigeant de la société nationale Sonatrach, Hocine Malti, a écrit une chronique détaillée de cette dérive des dirigeants algériens : Hocine MALTI, *Histoire secrète du pétrole algérien*, La Découverte, Paris, 2010. Et, depuis la fin des années 2000, la presse algérienne évoque ouvertement ces enjeux (voir par exemple : Nabila AMIR, « Bouteflika absent, gouvernement invisible, désordre social : l'Algérie bloquée », *El Watan*, 14 août 2012 ; Riyad HAMADI, « Présidentielle 2014 : le contrôle du FLN et de Sonatrach au cœur de la bataille entre les clans du pouvoir », *TSA*, 20 février 2013). Voir également l'analyse lucide de l'ancien diplomate français Denis BAUCHARD, « Impressions d'Algérie », <http://blog.lefigaro.fr/malbrunot>, 17 mai 2012.

6 Voir Lounis AGGOUN et Jean-Baptiste RIVOIRE, *Françalgérie, crimes et mensonges d'États*, *op. cit.*

DRS[7]). C'est cette conjoncture lointaine qui est aux origines de l'improbable groupe djihadiste « Al-Qaida au Maghreb islamique » (AQMI), au cœur de la guerre au Mali de 2013.

Du GIA au GSPC : la première mutation des « groupes islamiques de l'armée » après le 11 Septembre

Pour le comprendre, s'impose un autre retour en arrière, à la naissance en septembre 1998 du Groupe salafiste pour la prédication et le combat (GSPC), qui deviendra AQMI en janvier 2007. À partir d'une analyse critique des « sources ouvertes » disponibles, nous avons montré en 2007 pourquoi le GSPC, dont l'un des premiers « émirs nationaux », Hassan Hattab, était un agent du DRS, a été une création de ce service[8]. Il s'agissait alors pour ses dirigeants de « tourner la page » du GIA, qui avait rempli sa fonction dans la guerre contre-insurrectionnelle : les cadres des mouvements islamistes avaient été éliminés, retournés ou contraints à l'exil ; et surtout, par la terreur et les déplacements massifs de population qu'elle avait provoqués, la société algérienne était durablement brisée, assurant aux généraux la pérennité de leur pouvoir. Ces derniers pouvaient dès lors ouvrir une nouvelle phase politique, avec l'élection (truquée) à la présidence de la République en avril 1999 d'Abdelaziz Bouteflika (dont le mandat sera renouvelé dans les mêmes conditions en 2004 et en 2009) ; puis avec l'adoption de diverses mesures de « concorde civile », couronnées en septembre 2005 par le référendum (truqué) approuvant une « charte pour la paix et la réconciliation nationale » valant amnistie pour tous les responsables des crimes commis lors de la « sale guerre », aussi bien par les forces de sécurité que par les groupes islamistes.

---

7 *Ibid.*, en particulier les chapitres 17, 18 et 28.

8 François Gèze et Salima Mellah, « "Al-Qaida au Maghreb", ou la très étrange histoire du GSPC algérien », <www.algeria-watch.org>, 22 septembre 2007.

À partir de 1999, le nombre de victimes de la répression et de la « violence terroriste » diminue fortement (2 700 morts en 2000, 668 en 2004). Le GIA disparaît progressivement et les actions du GSPC se limitent à des accrochages avec les forces de sécurité en Kabylie : l'objectif des chefs du DRS est de maintenir, par le biais du GSPC et d'autres groupes éphémères (Groupe salafiste pour la prédication et le djihad, Groupe salafiste libre ou Groupe salafiste combattant) un « terrorisme résiduel » justifiant le maintien de l'état d'urgence et les restrictions des libertés, ainsi que de canaliser certains jeunes révoltés vers des « maquis islamistes » qu'ils contrôlent.

Ce n'est qu'après les attentats du 11 Septembre que le GSPC a été placé en 2002 sur la liste états-unienne des organisations terroristes, ce qui a permis au régime algérien de se faire mieux entendre sur le plan international en matière de lutte contre le terrorisme. Et c'est bien dans ce but que les chefs du DRS imaginent alors d'exporter leur « terrorisme résiduel » du GSPC dans le Sahara – zone pétrolière intéressant à l'époque l'administration de George W. Bush –, où ce dernier était jusqu'alors totalement absent. Ce qu'ils réaliseront avec la spectaculaire opération d'enlèvement de trente-deux touristes européens par le GSPC en février et mars 2003.

Pourquoi peut-on affirmer de façon certaine qu'il s'agit d'une opération organisée par le DRS, alors même que les ravisseurs, aux dires des otages libérés quelques mois plus tard, semblaient bien être d'authentiques salafistes ? D'abord parce que deux enquêtes indépendantes l'ont établi avec rigueur : celle de Salima Mellah, qui s'est intéressée aux nombreuses anomalies de cet épisode – notamment le comportement du chef du commando, Abderrezak El-Para, jusque-là réputé être l'émir de la zone 5 du GSPC (nord-est de l'Algérie) depuis 1999 – et aux déclarations postérieures des otages [9] ; et celle de l'universitaire

9 Salima Mellah, « Algérie 2003 : l'affaire des "otages du Sahara", décryptage d'une manipulation », <www.algeria-watch.org>, 22 septembre 2007.

britannique Jeremy Keenan, spécialiste des Touaregs [10], qui a eu accès à des sources de première main et selon lequel « les Algériens [...] ont transporté le terrorisme du Maghreb au Sahel *via* le Sahara, [...] donc exactement ce que voulaient les Américains ». Ces derniers voyaient alors le Sahel comme un « nouvel Afghanistan » pour Al-Qaida et avaient lancé en 2002 l'« Initiative Pan-Sahel » visant à renforcer la coopération antiterroriste entre la Mauritanie, le Mali, le Niger et le Tchad – devenue la Trans-Saharan Counter-Terrorism Initiative en juin 2005, avec l'inclusion de l'Algérie, du Maroc, de la Tunisie, du Sénégal et du Nigéria [11].

Le rôle premier du DRS dans l'enlèvement des otages européens au Sahara en 2003 sera ensuite prouvé par le sort de son organisateur revendiqué, Abderrezak El-Para, ancien officier parachutiste qui aurait « déserté » en 1992 pour rejoindre le GIA (et, plus tard, le GSPC) : à la suite d'un concours de circonstances imprévu, celui-ci sera fait prisonnier en mars 2004 par les rebelles du Mouvement pour la démocratie et la justice au Tchad (MDJT). Ces derniers, qui n'ont rien à voir avec l'islamisme, cherchent alors à remettre aux autorités algériennes, aux Américains ou aux Français, celui que les « sources sécuritaires » algériennes présentent comme le « numéro deux du GSPC », le « correspondant d'Al-Qaida » au Sahel, le « lieutenant de Ben Laden », etc. Mais personne n'en veut [12]... Finalement, à l'issue d'obscures tractations entre le MDJT et les services libyens, ces derniers récupéreront El-Para et le remettront à Alger le 27 octobre 2004, capture alors très

---

10 Jeremy Keenan, « Waging war on ternir : the implications of America's "new imperialism" for Saharan peoples », *The Journal of North African Studies*, vol. 10, n° 3-4, septembre-décembre 2005 ; et « Security and insecurity in North Africa », *Review of African Political Economy*, n° 108, 2006, p. 269-296.

11 Sur les motivations (notamment pétrolières) de l'intervention américaine dans le Sahel des années 2000, ainsi que sur le jeu du pouvoir algérien dans la région, on se reportera avec profit à Jeremy Keenan, *Dark Sahara. America's War on Terror in Africa*, Pluto Press, Londres, 2009.

12 Voir Jean-Philippe Rémy, « "El Para", le chef salafiste capturé dont personne ne veut », *Le Monde*, 26 mai 2004.

officiellement saluée par le ministère de l'Intérieur algérien. Et depuis lors, El-Para, supposé être incarcéré à Alger, n'est plus jamais réapparu : il a fait l'objet de multiples procès devant les tribunaux algériens, mais toujours... par contumace, et cela jusqu'en 2012 ! S'il était un authentique « superterroriste », sa « prise » aurait été largement exploitée par le pouvoir algérien comme par l'administration américaine. Seule explication possible de ce silence officiel : El-Para était un agent du DRS, au sein des GIA puis du GSPC [13].

2003 : le DRS installe AQMI au Sahara

De fait, l'année 2003 marque le basculement partiel du terrorisme « made in DRS » vers le sud du Sahara. Selon la propagande officielle, correspondant – et pour cause – à une certaine réalité, c'est alors qu'El-Para aurait établi une « relation très fructueuse » avec le mystérieux Mokhtar Belmokhtar, qui défrayera la chronique de la guerre française au Mali en 2013. Ce grand contrebandier, qui avait construit sa fortune dans le trafic de kif et de cigarettes dans la région sahélienne, sera désormais présenté par la presse algérienne comme l'un des dirigeants du GSPC, ce qui n'avait jamais été le cas auparavant. Deux ans après le 11 Septembre, les manipulations des chefs du DRS dans le Sahara ont pleinement atteint leur but : ils sont reconnus comme de précieux experts antiterroristes par les États-Unis et l'Union européenne, dont les gouvernements intensifient désormais la coopération antiterroriste avec Alger.

À partir de 2004, une nouvelle « légende » est popularisée par les journalistes « sécuritaires » des médias algériens,

---

13 Pour les détails et les sources de cette affaire et de la biographie d'El-Para, voir : François Gèze et Salima Mellah, « "Al-Qaida au Maghreb", ou la très étrange histoire du GSPC algérien », *loc. cit.* ; et Algeria-Watch, « Où sont passés Hassan Hattab et Amari Saïfi (*alias* Abderrezak El-Para) ? », <www.algeria-watch.org>, 20 décembre 2008.

systématiquement reprise depuis lors par les journalistes des médias occidentaux et les « experts » des multiples *think tanks* américains et européens vivant de l'« expertise antiterroriste », les uns et les autres se gardant bien de questionner des « informations » dont la seule source est le DRS (ou des sites djihadistes à l'authenticité invérifiable). Cette légende est celle d'Abdelmalek Droukdel, *alias* Abou Mossaâb Abdelouadoud, réputé avoir pris la tête du GSPC le 6 août 2004 : comme bien d'autres « émirs djihadistes » avant lui, sa mort a été maintes fois annoncée auparavant et depuis lors, mais il serait pourtant encore vivant neuf ans plus tard et c'est toujours lui qui, très curieusement, continuerait à tirer les ficelles, depuis un hypothétique maquis de Kabylie, des groupes armés islamistes actifs en 2013 au sud du Sahara et dans le Sahel – à plus de 2 000 km de distance –, sous le label d'AQMI.

C'est en effet le 24 janvier 2007 que le GSPC, dans un communiqué signé par Droukdel, annonce qu'il se rallie à Al-Qaida et qu'il change de nom, devenant « Al-Qaida au pays du Maghreb islamique » (AQMI). Mais, de 2003 à 2008, les actions attribuées à l'émir de la zone sud du GSPC, Mokhtar Belmokhtar, restent limitées : la principale est l'attaque meurtrière (dix-huit morts et vingt blessés), le 4 juin 2005, d'une caserne de l'armée mauritanienne située au nord-est du pays, à Lemgheity, près des frontières algérienne et malienne – on apprendra rapidement que l'opération avait été orchestrée par les services secrets mauritaniens, en concertation avec le DRS algérien, afin de déconsidérer les opposants islamistes modérés au régime de Nouakchott [14]. Dans cette période, la presse algérienne n'évoque que des accrochages épisodiques entre le groupe de Belmokhtar et les rebelles touaregs, ou quelques opérations de l'armée contre lui. Comme si le DRS avait délaissé le « front » saharien, devenu secondaire depuis que l'affaire des

14 Voir Observatoire mauritanien des droits de l'homme, « Impasse politique et réflexes sécuritaires en Mauritanie. Comment fabriquer du terrorisme utile », juillet 2005, p. 16-17 et 25.

otages de 2003 et l'attaque de la caserne mauritanienne de 2005 avaient durablement installé le mythe de la « menace » d'Al-Qaida au Sahel.

En revanche, en 2006 et 2007, les actions du GSPC se sont brutalement intensifiées en Kabylie et dans l'Algérois, culminant avec les terribles attentats d'Alger du 11 avril 2007, revendiqués par le GSPC-AQMI, contre le Palais du gouvernement et le siège de la « Division est » de la Police à Bab-Ezzouar, faisant trente morts et plus de deux cents blessés. Des attentats clairement liés à la lutte de clans au sommet du pouvoir algérien [15], comme celui ayant ciblé, le 11 décembre 2007, le siège des délégations de l'ONU à Alger (au moins soixante-sept morts, dont dix-sept employés de l'ONU). Le tout sur fond d'une propagande constante des médias algériens, toujours relayée sans distance par les services et les médias occidentaux, affirmant depuis 2002 avec de plus en plus d'insistance – et toujours sans preuve – le ralliement du GSPC à Al-Qaida.

Dans cette période, l'intervention du DRS dans la zone saharo-sahélienne se concentre surtout sur la « menace libyenne » dans la région, le dirigeant libyen Mouammar Kadhafi intensifiant ses manœuvres, par les milices touarègues qu'il contrôle, pour imposer son projet de « Grand Sahara » sous son égide. Pour ce faire, les généraux algériens nomment en septembre 2005 un diplomate chevronné, Abdelkrim Gheraïeb, comme ambassadeur d'Algérie à Bamako – poste qu'il avait déjà occupé de 1997 à 2002 (il passait alors pour l'« homme le mieux informé de Bamako [16] ») et où il restera jusqu'en 2009. Assisté de trois colonels de l'armée et du DRS, son rôle est notamment d'assurer le contrôle des agents ou correspondants du DRS à la tête des katibas du GSPC dans la région (une centaine d'hommes, dit-on à l'époque) ou de

---

15 Voir François Gèze et Salima Mellah, « "Al-Qaida au Maghreb" et les attentats du 11 avril 2007 à Alger. Luttes de clans sur fond de conflits géopolitiques », <www.algeria-watch.org>, 21 avril 2007.

16 Ridha, « Gheraïeb est de retour », *Jeune Afrique*, 18 septembre 2005.

certains groupes irrédentistes touaregs, comme le fameux Iyad Ag Ghali [17] (qui créera en décembre 2011 le groupe islamiste Ansar Eddine). Gheraïeb jouera ainsi un rôle central dans le fragile accord de paix obtenu sous l'égide d'Alger entre le gouvernement malien et les rebelles touaregs deux mois après l'attaque par ces derniers, en mai 2006, de trois camps militaires à Kidal et Ménaka, au nord du Mali.

2008-2012 : AQMI multiplie les prises d'otages occidentaux au Sahel

À partir de 2008, les manœuvres sahélo-sahariennes du DRS s'intensifient et AQMI, officiellement apparue un an plus tôt, va défrayer la chronique en inaugurant une spectaculaire série de prises d'otages occidentaux au Sahel. Pour comprendre la logique d'intervention des « décideurs » algériens dans cette région à l'époque, un bref rappel contextuel s'impose. La préparation de la réélection, en avril 2009, d'Abdelaziz Bouteflika pour un troisième mandat présidentiel s'est accompagnée des habituelles luttes de clans au sein du pouvoir pour la captation de la rente. Après la marginalisation en 2004 des généraux Khaled Nezzar et Mohammed Lamari, plusieurs des ténors du « pouvoir de l'ombre » depuis vingt ans disparaissent à cette époque de la scène : le général Smaïl Lamari, dit « Smaïn », numéro deux du DRS depuis 1990 et qui avait joué un rôle majeur dans le pilotage de l'affaire des otages du Sahara en 2003, est mort en septembre 2007 ; et le général Larbi Belkheir, qui fut lui aussi l'un des principaux orchestrateurs de la « sale guerre » des années 1990, a été définitivement mis sur la touche en 2008 (il décédera en janvier 2010). De ce fait, l'inamovible chef du DRS depuis 1990, le général-major Mohammed « Tewfik » Médiène, est resté le *primus inter*

---

17 Voir dans ce livre le chapitre de Grégory Giraud, p. 27.

pares, seul à piloter les réseaux de corruption et la façade démocratique de l'« Algérie Potemkine », avec une double préoccupation : limiter les ambitions du « clan Bouteflika » et, surtout, relégitimer en interne ses liens privilégiés avec Washington, un moment mis à mal en 2006 lors de la sombre « affaire BRC » [18].

De fait, ces liens vont se resserrer avec l'installation à Stuttgart (RFA), en octobre 2008, du nouveau centre de commandement unifié de l'armée américaine pour l'Afrique (United States Africa Command, Africom), dont l'un des principaux objectifs est de renforcer la coordination de la lutte antiterroriste dans la région sahélienne. C'est très probablement pour justifier aux yeux des Américains la réalité de cette menace – et donc s'imposer comme un partenaire incontournable – que « Tewfik » a alors décidé de remobiliser les « émirs du DRS » contrôlant les katibas d'AQMI au Sahel, principalement Mokhtar Belmokhtar et Abdelhamid Abou Zeïd (un autre agent du DRS qui avait secondé El-Para lors de la prise d'otages de 2003), ces deux chefs de guerre étant alors surtout occupés par la gestion des circuits de contrebande et de trafic de drogue dans la région, qui enrichissaient également quelques généraux du DRS.

Ainsi, en février 2008, deux touristes autrichiens sont enlevés en Tunisie et transportés au nord du Mali par le groupe d'Abou Zeïd (ils seront libérés huit mois plus tard). Puis, le 14 décembre 2008, deux diplomates canadiens en mission

---

18 Brown & Root-Condor (BRC) était une joint-venture de la multinationale pétrolière américaine Halliburton et de Sonatrach créée en 1994, et réputée proche du général Médiène. Elle a été chargée de nombreux projets industriels et de BTP en Algérie, qui auraient donné lieu au versement d'importantes commissions occultes à des « décideurs » algériens. En 2006, la révélation (par les services secrets russes) que des « valises de commandement » vendues à l'armée algérienne par BRC étaient piégées pour permettre aux Américains d'espionner les communications des chefs de l'armée a entraîné une tempête dans le microcosme du pouvoir algérien, qui se traduira notamment par la dissolution de BRC et l'affaiblissement provisoire du pouvoir de « Tewfik » (voir François Gèze et Salima Mellah, « "Al-Qaida au Maghreb" et les attentats du 11 avril 2007 à Alger », *loc. cit.*).

pour l'ONU sont enlevés au Niger avec leur chauffeur (également par Abou Zeïd) ; et, le 22 janvier 2009, quatre touristes européens sont enlevés au nord-ouest du Niger, près de la frontière malienne. Dans ces deux cas, comme l'a relevé Jeremy Keenan dans une chronique détaillée de ces événements [19], les noms des chefs d'AQMI impliqués dans les enlèvements étaient donnés avec moult détails par des journalistes algériens liés au DRS avant même qu'ils soient connus par les revendications ultérieures de l'organisation islamiste... Les deux Canadiens seront libérés en avril, en même temps que deux touristes (une Allemande et une Suissesse) ; un troisième touriste (suisse) sera libéré en juillet au Nord-Mali, mais l'otage britannique Edwin Dyer est assassiné le 31 mai 2009 par le groupe d'Abou Zeïd. Quant aux libérations, elles ont très probablement été obtenues contre le versement de rançons, qui se compteraient à chaque fois en millions de dollars.

Dès lors, les enlèvements ou assassinats de ressortissants occidentaux revendiqués par AQMI vont se multiplier (voir encadré), au point qu'il deviendra très difficile de savoir ce qui relève alors des manipulations du DRS ou d'initiatives de bandits locaux prêts à « revendre » des otages au plus offrant. Et on ne peut exclure que, depuis lors, la toile patiemment tissée dans la région par les officiers du DRS et leurs agents locaux échappe en partie à leur contrôle, tant s'emballe la spirale des trafics en tous genres, alimentée notamment par les rançons versées par les États européens pour obtenir la libération de leurs ressortissants et profitant à des groupes qui n'ont souvent qu'un lointain rapport avec le « terrorisme islamiste ».

---

19 Jeremy Keenan, « Who's behind Al-Qaida and its kidnapping in Sahara », *Sahara Focus*, avril 2009.

Chronologie des enlèvements d'otages occidentaux au Sahel, 2008-2012

22 février 2008	Deux touristes autrichiens, Wolfgang Ebner et Andrea Kloiber, sont enlevés en Tunisie par le groupe d'Abou Zeïd (ils seront libérés le 31 mars 2008).
14 décembre	Deux diplomates canadiens en mission pour l'ONU, Robert Fowler et Louis Gay, et leur chauffeur nigérien, Soumana Moukaila, sont enlevés au Niger par le groupe d'Abou Zeïd (le chauffeur est presque immédiatement libéré, les deux diplomates le seront le 22 avril 2009).
22 janvier 2009	Quatre touristes (deux Suisses, une Allemande, un Britannique) sont enlevés au nord-ouest du Niger, près de la frontière malienne (Mariane Petzold et Gabriela Greiner seront libérées le 22 avril 2009 ; le Britannique Edwin Dyer est assassiné le 31 mai 2009 par le groupe d'Abou Zeïd ; le dernier otage, Werner Greiner, sera libéré le 12 juillet 2009).
25 novembre	Le Français Pierre Camatte est kidnappé à Ménaka, dans le Nord-Mali (il sera libéré le 23 février 2010).
29 novembre	Trois Espagnols de l'ONG Barcelona Accio Solidaria sont enlevés à 170 km au nord de Nouakchott ; le rapt est attribué au groupe de Belmokhtar (l'une des otages, Alicia Gamez, sera libérée le 10 mars 2010 ; les deux autres, Albert Vilalta et Roque Pascual, le seront le 23 août 2010).
18 décembre	Deux touristes italiens, Sergio Cicala et sa femme Philomène Kabouré, sont enlevés au sud-est de la Mauritanie (ils seront libérés le 16 avril 2010).
19 avril 2010	Le Français Michel Germaneau est enlevé au nord du Niger avec son chauffeur algérien, ce dernier étant rapidement libéré (l'otage français sera assassiné le 23 juillet 2010, à l'occasion d'un raid militaire franco-mauritanien contre le camp d'AQMI où il aurait été détenu).
16 septembre	Un groupe d'AQMI enlève sept employés d'Areva et de Vinci au Niger (sur le site minier d'exploitation d'uranium d'Arlit) : cinq Français, un Malgache et un Togolais (Françoise Larribe, le Togolais Alex Kodjo Ahonado et le Malgache Jean-Claude Rakotorilalao seront libérés le 24 février 2011 ; Pierre Legrand, Daniel Larribe, Thierry Dol et Marc Furrer étaient toujours détenus en mars 2013).
7 janvier 2011	Deux jeunes Français, Antoine de Léocour et Vincent Delory, sont enlevés à Niamey (Niger) ; ils trouvent la mort le lendemain, lors de l'intervention militaire conduite par les forces spéciales françaises contre le convoi de leurs ravisseurs.

2 février	En Algérie, une touriste italienne, Maria Sandra Mariani, est enlevée par le groupe d'Abou Zeïd près de Djanet (elle sera libérée le 17 avril 2012).
23 octobre	Trois militants humanitaires – les Espagnols Enric Gonyalons et Ainhoa Fernandez de Rincón, et l'Italienne Rossella Urru – sont enlevés dans un camp de réfugiés sahraouis près de Tindouf (Algérie) ; le 12 décembre, leur enlèvement est revendiqué par un nouveau groupe, le Mouvement pour l'unicité et le djihad en Afrique de l'Ouest (MUJAO) (ils seront libérés le 18 juillet 2012).
24 novembre	Les Français Philippe Verdon et Serge Lazarevic, présentés comme géologues, sont enlevés dans leur hôtel à Hombori, dans le nord-est du Mali (le 20 mars 2013, un porte-parole d'AQMI annoncera que Philippe Verdon a été exécuté « le 10 mars en réponse à l'intervention de la France dans le nord du Mali »).
15 avril 2012	Béatrice Stockly, citoyenne suisse, est enlevée à Tombouctou (Mali) (elle sera libérée neuf jours plus tard par le groupe Ansar Eddine).
20 novembre	Le MUJAO revendique l'enlèvement d'un Français d'origine portugaise, Gilberto Rodrigues Leal, à Diéma, dans le sud-ouest du Mali (il était toujours détenu en mars 2013).

2011, de nouveaux groupes armés au Sahel : MNLA, MUJAO, Ansar Eddine

Dans cette séquence d'enlèvements de quelque trente otages occidentaux de 2008 à 2012, survenus pour la plupart au Mali et au Niger (mais aussi en Tunisie, en Algérie et en Mauritanie), la plupart ont été revendiqués par les groupes d'AQMI, ce qui semble signer les manipulations habituelles du DRS dans la région, sans certitude toutefois dans tous les cas, tant l'origine des mises en scène de ces revendications reste incertaine – rien n'empêchant en effet que des groupes délinquants locaux utilisent, sans risque d'être démentis, cette dramaturgie « terroriste » pour tenter d'empocher les rançons versées par les États occidentaux. Ou, autre hypothèse complémentaire, les deux phalanges d'AQMI plus ou moins en concurrence dans la région, celles d'Abou Zeïd et de Mokhtar

Belmokhtar, n'obéiraient qu'épisodiquement à leurs mentors du DRS, se « réservant » l'initiative de certains enlèvements à leur seul profit...

Quoi qu'il en soit, la plus évidente « anomalie » dans cette sinistre séquence est l'apparition, en décembre 2011, d'un nouveau groupe islamiste au Sahara, le MUJAO, qui revendique alors l'enlèvement, survenu six semaines plus tôt, de trois coopérants européens dans le camp de réfugiés sahraouis d'Hassi Rabuni, siège du gouvernement de la République arabe sahraouie démocratique près de Tindouf (sud-ouest algérien) [20]. Ce camp, comme toutes les structures du Front Polisario en Algérie, est en effet depuis des années sous stricte surveillance du DRS et il est difficilement concevable que cette opération ait pu être menée sans son aval. Cet épisode semble donc attester que le MUJAO, réunissant principalement des Maures « à peau noire » de Mauritanie et du Mali, ne serait qu'une « excroissance » d'AQMI créée à l'initiative de responsables du DRS – laquelle serait très impliquée dans les trafics de drogue bénéficiant à ces derniers [21].

Une autre affaire rocambolesque paraît confirmer cette hypothèse : l'enlèvement, le 5 avril 2012, du consul d'Algérie à Gao (Nord-Mali) et de six de ses collaborateurs, revendiqué trois jours plus tard par le MUJAO. Depuis l'enlèvement des coopérants européens à Hassi Rabuni, ce dernier ne s'était manifesté que par une vidéo, diffusée début janvier 2012 où il déclarait « encore une fois la guerre à la France », puis en revendiquant un attentat kamikaze contre le siège de la Gendarmerie nationale algérienne à Tamanrasset, le 3 mars 2012 (qui fit vingt-trois blessés). Du déluge d'articles confus et contradictoires des journalistes « sécuritaires » de la presse algérienne rendant compte dans les mois suivants de l'enlèvement par le

---

20 AFP, « Un groupe dissident d'AQMI revendique le rapt de trois Européens en Algérie », 10 décembre 2011.

21 Voir Wolfram Lacher, « Organized crime and conflict in the Sahel-Sahara region », *The Carnegie Papers*, septembre 2012, p. 15.

MUJAO des diplomates algériens de Gao, ne se dégagent que des informations invérifiables : la libération de trois d'entre eux bizarrement annoncée le 7 juillet 2012 par... le groupe islamiste touareg Ansar Eddine [22] (mais aucun de ces otages libérés ne s'exprimera publiquement) et l'exécution d'un autre, Tahar Touati, le 1er septembre 2012, jamais confirmée depuis par le gouvernement algérien.

Certains spécialistes de la région estiment qu'il ne s'agirait là que d'une énième mise en scène, les « diplomates algériens » de Gao n'étant que des hommes liés au DRS exfiltrés *in extremis* sous couvert d'une prétendue opération des terroristes du MUJAO, après le bouleversement imprévu provoqué dans la région par la chute de Kadhafi en octobre 2011. La guerre conduite par les forces de l'OTAN à partir de mars 2011 a en effet conduit les groupes d'ex-rebelles touaregs engagés dans l'armée libyenne depuis les années 1990 à regagner le Nord-Mali, où ils ont rejoint les rangs du MNLA (Mouvement national de libération de l'Azawad), créé le 16 octobre et clairement distinct d'AQMI. Et c'est le 15 décembre que naît Ansar Eddine, dirigé par le Touareg Iyad Ag Ghali, ancien chef rebelle dans les années 1990 et notoirement lié aux narcotrafiquants locaux ainsi qu'au DRS algérien [23].

Puis, avec l'occupation du Nord-Mali par le MNLA en janvier 2012 et le coup d'État militaire du capitaine Sanogo à Bamako en mars 2012, s'installe dans toute la région sahélienne une situation chaotique où le jeu devenu difficilement lisible des différents acteurs se brouille encore plus. Cela vaut évidemment pour les « décideurs » du DRS, qui voient battue

---

22 Yacine B., « Le MUJAO libère trois des sept diplomates algériens », <www.echoroukonline.com>, 10 juillet 2012.

23 Voir notamment Issane Ansar, « Métastases du salafisme algérien à l'épreuve des soubresauts sahariens et des rébellions azawadiennes », <http://ruedelapoussiere.blogspot.fr>, 24 avril 2012 ; et Jeremy Keenan « Algerian state terrorism and atrocities in northern Mali », <www.opendemocracy.net>, 25 septembre 2012. Ainsi que l'article suggestif d'Adam Nossiter et Neil MacFarquhar, « Algeria sowed seeds of hostage crisis as it nurtured warlord », *The New York Times*, 1er février 2013.

en brèche, avec l'intervention militaire française au Mali en janvier 2013, leur prétention à rester aux yeux des Occidentaux le seul acteur étatique local incontournable dans la lutte antiterroriste au Sahel. D'autant plus que, aux États-Unis, certains experts avisés commencent alors à mettre en garde Washington sur les risques de maintenir une alliance stratégique avec un régime qui « manipule des groupes terroristes et viole les droits de l'homme à une échelle industrielle [24] ».

Janvier 2013 : interrogations sur l'opération terroriste d'In-Amenas

C'est dans ce contexte que survient, le 16 janvier 2013 – cinq jours à peine après le début de l'opération Serval des troupes françaises au Mali –, le spectaculaire assaut de l'important site gazier de Tiguentourine (près de la petite ville d'In-Amenas, dans le sud-ouest du Sahara algérien), exploité par une entreprise associant les firmes British Petroleum (Royaume-Uni), Statoil (Norvège) et Sonatrach (Algérie). Revendiquée par le groupe de Mokhtar Belmokhtar, qui affirme avoir récemment rompu avec AQMI et agir désormais directement au nom d'Al-Qaida, cette prise d'otages des employés du site fait dès le lendemain l'objet d'une brutale contre-offensive conduite par les forces spéciales du DRS et de l'armée algérienne, qui se soldera par la mort de vingt-neuf assaillants, mais aussi par celle d'au moins trente-sept otages étrangers (dont dix Japonais, neuf Philippins, six Britanniques, cinq Norvégiens, trois Américains et un Français), d'un otage et de neuf militaires algériens.

Habib Souaïdia, ex-officier algérien dissident auteur du livre *La Sale Guerre*, a rapporté dans un article détaillé certaines circonstances de ce drame, à partir notamment de témoignages

---

24 Selon un ancien membre de la National Security Agency : John R. SCHINDLER, « Algeria's hidden hand », *The National Interest*, 22 janvier 2013.

recueillis auprès de « militaires patriotes bien informés », qui furent à l'évidence présents sur les lieux [25]. Cette chronique, remarquablement ignorée par les médias occidentaux, a révélé que la plupart des otages tués ne l'ont pas été par les assaillants, mais par les tirs des hélicoptères militaires ordonnés par le général-major Athmane Tartag, dit « Bachir », l'un des principaux chefs du DRS. Quant aux commanditaires de cette action sans précédent, Souaïdia reste prudent : « De nombreux éléments contextuels vont dans le sens d'une opération téléguidée par le DRS, mais on ne peut pour autant être catégorique à ce propos. [...] Dans le climat assez chaotique de fin de règne qui prévaut en Algérie depuis des années, on ne peut exclure que les chefs du DRS aient pu manipuler un groupe d'islamistes fanatisés dont le chef est un de leurs agents. Cela afin de conduire une opération visant à démontrer aux Occidentaux, après l'intervention française au Mali, que l'armée algérienne reste le meilleur garant de leurs intérêts dans la région, où la "menace terroriste" serait aussi réelle qu'au Nord-Mali. Mais d'un autre côté, il est certain que, depuis la guerre conduite en Libye par les forces de l'OTAN, des agents d'autres services secrets (occidentaux ou des pays du Golfe) sont présents dans la région et peuvent aussi se livrer à des manipulations des groupes armés islamistes. »

En tout état de cause, le rôle joué par Mokhtar Belmokhtar, qui a revendiqué l'opération d'In-Amenas, pose question, comme l'a relevé Jeremy Keenan, lequel a interrogé de façon détaillée le parcours controversé de ce personnage, dont la mort « a été annoncée à sept reprises par les autorités algériennes depuis le milieu des années 1990 [26] ». Et même si cette opération a eu des effets économiques préjudiciables pour

---

25 Habib Souaïdia, « Révélations sur le drame d'In-Amenas : trente otages tués par l'armée algérienne, neuf militaires tués », <www.algeria-watch.org>, 11 février 2013.

26 Jeremy Keenan, « A new phase in the war on terror ? », <http://statecrime.org>, 14 février 2013.

l'exploitation des sites gaziers et pétroliers algériens (hausse du coût des assurances, fermeture provisoire de certains sites...), on doit bien constater que son bilan politique a été plutôt positif pour le régime d'Alger : les grandes puissances occidentales lui ont pour la plupart réaffirmé publiquement alors leur soutien, sans aucunement questionner sa responsabilité dans la mort de leurs ressortissants [27] – le futur chef de l'Africom, le général David Rodriguez, affirmant même devant le Congrès américain, le 14 février 2013, que « l'Algérie est le leader régional qui dispose des capacités permettant de coordonner les efforts des pays du Sahel face aux menaces de sécurité transnationales » et que « la connaissance dont dispose l'Algérie quant à la situation sur le terrain dans le nord du Mali est inestimable pour les États-Unis [28] ».

Une chose est toutefois certaine : l'intervention militaire française au Mali a profondément affecté le jeu trouble, depuis tant d'années, des généraux d'Alger dans la zone sahélo-saharienne. Bien évidemment, l'opération Serval ne visait aucunement leur régime, avec lequel Paris conserve les meilleures relations, mais principalement la préservation des intérêts régionaux de la France, dont les mines d'uranium nigérien exploitées par Areva. Reste que les coups sévères portés par les troupes françaises aux groupes d'AQMI dans le Nord-Mali – dont l'élimination, le 22 février 2013, de l'« émir du DRS » Abdelhamid Abou Zeïd – ont objectivement privé le pouvoir réel algérien d'une partie du pouvoir de nuisance qu'il avait acquis en téléguidant nombre de « coups tordus » dans la région.

La nouvelle donne ainsi créée au printemps 2013, avec les incertitudes sur l'avenir d'un régime algérien en fin de règne et

---

27 Pour le Royaume-Uni, voir Martyn Roper, « Nous allons tirer les leçons de cette attaque », *Liberté*, 24 janvier 2013 ; et pour la France, voir Hacen Ouali, « Devant le Parlement européen. François Hollande affirme le rôle-clé de l'Algérie au Sahel », *El Watan*, 6 février 2013.

28 Mourad Slimani, « Situation sécuritaire au Sahel. L'Africom courtise l'Algérie », *El Watan*, 16 février 2013.

d'un État malien en pleine déréliction – sans parler de la fragilité des États nigérien et mauritanien –, ne pouvait que faire craindre la perpétuation d'un chaos généralisé dans toute la zone sahélienne, favorisant le jeu des grandes puissances surtout intéressées par ses ressources naturelles (pétrole, gaz, uranium) et au détriment de populations parmi les plus pauvres de la planète.

8

Enjeux humanitaires au Sahel : l'influence de la crise malienne

Benoît Miribel*

Quelle région de notre planète symbolise autant que le Sahel la question de la faim et de la malnutrition ? Depuis des décennies, cette région apparaît sur nos écrans de télévision comme une zone ravagée par les drames humanitaires. Si la médiatisation de ces questions s'est atténuée ces dernières années, ces problèmes continuent de préoccuper au plus haut point les organismes internationaux et les organisations non gouvernementales (ONG). S'additionnant aux fréquentes catastrophes naturelles de cette région, les crises alimentaires à répétition touchent de plein fouet la zone sahélienne. Environ 10 millions de personnes restent encore aujourd'hui en situation d'insécurité alimentaire, dont près d'un million et demi d'enfants de moins de cinq ans atteints de malnutrition aiguë, dans cette zone qui compte par ailleurs près d'un demi million de réfugiés.

Cette situation s'explique par une conjonction de facteurs enchevêtrés. À la fragilité naturelle de cette immense région d'Afrique s'est ajoutée la crise économique (et alimentaire) de 2008, les sécheresses de 2010 et de 2012, et la déstabilisation

---

* Président d'Action contre la Faim (ACF) et directeur général de la Fondation Mérieux.

politique d'un pays clé de cette région : le Mali. L'addition de ces trois contextes, climatique, économique et politique, rend la zone sahélienne très vulnérable et affecte des millions de personnes : menace sur le plan alimentaire, exode massif de populations, privation de soins de santé primaires, etc. Les facteurs explicatifs de cette situation étant multiples et imbriqués, la réponse ne peut être que globale : elle doit impliquer l'ensemble des acteurs concernés, aux échelles locale, régionale, nationale et internationale, et être coordonnée de manière à répondre simultanément aux situations d'urgence et aux déséquilibres structurels de long terme.

Quel est aujourd'hui le niveau de vulnérabilité des populations les plus fragiles dans cette région du Sahel ? Quelle est l'influence du contexte malien sur la région sahélienne chroniquement affectée par des aléas climatiques ? Quels sont les besoins principaux des populations maliennes et quel est l'impact humanitaire de la crise malienne sur les pays voisins ? Quels scénarios de sortie de crise peut-on envisager ? Telles sont les questions qui animent la plupart des responsables d'organisation humanitaire et de développement mobilisés dans cette région d'Afrique.

Une région confrontée à la sécheresse et aux crises alimentaires

De nombreux experts se sont penchés sur les particularités de la zone sahélienne pour appréhender la nature des crises alimentaires qui la frappent régulièrement. Globalement, les années déficitaires en termes de production agricole l'emportent sur les périodes excédentaires. Ces déficits ont des causes conjoncturelles : les sécheresses, qui reviennent en moyenne tous les quatre à cinq ans, mais également les inondations ou les invasions de criquets. Ils ont aussi des causes structurelles liées à un niveau de pauvreté élevé, à la dégradation de la fertilité des terres et à des gouvernements souvent dépassés par cet enjeu alimentaire. Historiquement, l'offre céréalière reste la variable d'ajustement la plus fréquemment utilisée dans cette région comme moyen de lutte contre la faim.

Au fil des années, la lutte contre l'insécurité alimentaire au Sahel s'est élargie et coordonnée : elle est devenue multi-échelles et multi-acteurs. Regroupés depuis 1973 au sein du Comité permanent inter-États de lutte contre la sécheresse dans le Sahel (CILSS), organisme créé après les graves sécheresses du début des années 1970 [1], les pays du Sahel ont progressivement renforcé leur collaboration afin d'aborder la problématique au niveau régional et non plus strictement national. La volonté conjointe d'acteurs gouvernementaux et non gouvernementaux d'aboutir à la définition d'un cadre « consensuel » et « élargi » pour l'action a permis de définir en 2000, lors du deuxième forum des sociétés civiles sahéliennes et de la conférence des chefs d'État tenue à Bamako, un Cadre stratégique de sécurité alimentaire (CSSA). Longuement discuté en associant l'ensemble des acteurs (États, acteurs économiques, organisations de la société civile, etc.), ce texte fait désormais l'objet d'un consensus très large et constitue le document de référence du CILSS [2].

Un des grands enjeux dans la lutte contre la faim concerne la prévisibilité des aléas climatiques. Dans ce domaine aussi des progrès marquants ont été enregistrés au cours de la dernière

---

1 Voir dans ce livre le chapitre de Grégory Giraud, p. xxx.

2 Le CSSA définit cinq objectifs : « la promotion d'une agriculture productive, diversifiée, durable et régionalement intégrée » ; « le développement, la fluidification et l'intégration sous-régionale des marchés nationaux » ; « l'amélioration durable des conditions d'accès des groupes et zones vulnérables à l'alimentation et aux services sociaux de base » ; « l'amélioration des dispositifs de prévention et de gestion des crises conjoncturelles, en cohérence avec la construction de la sécurité alimentaire structurelle » ; « le renforcement des capacités des acteurs et la promotion d'une bonne gouvernance de la sécurité alimentaire » (CILSS, Mise en œuvre du Cadre stratégique de sécurité alimentaire durable dans une perspective de lutte contre la pauvreté au Sahel, novembre 2003 ; disponible sur <www.cilss.bf>).

décennie. L'analyse des données agro-pastorales et leur interprétation ayant fortement progressé au cours de ces dernières années, les pays de la zone sahélienne ont pu renforcer la performance des modes d'acquisition et de diffusion de l'information sur l'insécurité alimentaire. De la prévision agrométéorologique aux systèmes d'alerte précoce et aux enquêtes de terrain sur les marchés ou auprès des ménages, les outils se sont affinés pour permettre un ciblage précis des zones et des populations à risque.

Ces avancées n'ont cependant pas permis de régler tous les problèmes et on est encore loin de la sécurité alimentaire complète que le CSSA ambitionne d'atteindre à l'horizon 2015. Bien que des efforts notables aient été déployés dans ce domaine, y compris depuis la crise alimentaire de 2005 qui avait particulièrement frappé le Niger, la solidarité régionale fait encore trop souvent défaut. À titre d'exemple, on sait qu'en 2012 des commerçants basés au Nigéria ont pu acheter sur pied des productions au Niger, pour les stocker un certain temps avant de les réexporter vers le Niger et profiter ainsi de la hausse des prix et de taux de change favorables entre les monnaies nigériane (le naira) et nigérienne (le franc CFA). Ce jeu spéculatif, très difficilement appréhendable, nuit à l'approvisionnement des populations dans des pays voisins en proie à l'insécurité alimentaire.

L'amélioration des outils de mesure et d'analyse des données agro-pastorales ne garantit pas, elle non plus, l'amélioration de la situation si celle-ci n'est pas envisagée de manière multifactorielle. En effet, le faible niveau de revenus de la majorité des habitants de la zone sahélienne les empêche trop souvent d'acheter la nourriture qui se trouve sur des étals pourtant pleins... De même, des distributions alimentaires d'urgence non ciblées peuvent déstructurer durablement le tissu agro-pastoral local engendrant une spirale de dépendance alimentaire pour les populations les plus pauvres, qui débouchent elle-même sur un déplacement de populations vers des zones moins fragiles.

La publication des données statistiques ayant des conséquences sur la gestion des stocks des denrées et la flottabilité des prix alimentaires, elle a parfois des répercussions néfastes sur les populations, en raison notamment de l'action des spéculateurs. C'est la raison pour laquelle par exemple, fin 2011, des spécialistes de l'analyse du risque alimentaire n'ont pas souhaité alerter l'opinion par voie de presse sur le déficit perçu pour 2012. La diffusion des observations de l'évolution des récoltes par satellite aurait en effet certainement averti les spéculateurs, qui auraient pu être tentés de préserver leurs stocks de denrées alimentaires afin de faire monter les prix.

Ceci étant dit, la mise en œuvre par les gouvernements avec l'aide d'ONG locales de « filets de sécurité alimentaire » destinés aux plus vulnérables, ainsi que la composition de stocks régionaux partagés entre États, ont commencé à limiter les jeux des spéculateurs et des protections nationales pour renforcer une approche régionale. Les acteurs non gouvernementaux ont également fait évoluer leurs programmes d'intervention de façon à assurer davantage de lien entre les approches d'urgence, de substitution, et celles de développement, plus structurelles.

Une nouvelle étape a été franchie en juin 2012 avec la réunion à Bruxelles des États membres de l'Union européenne et des États de la région sahélienne. Centré sur le concept de « résilience », c'est-à-dire sur une appropriation du renforcement des capacités des communautés locales leur permettant de s'organiser pour s'adapter aux aléas climatiques et alimentaires, un programme de grande ampleur a été lancé à cette occasion. Cette Alliance globale pour l'initiative Résilience (AGIR) au Sahel, dotée d'un budget de plus d'un milliard d'euros, répondait à la demande, maintes fois exprimée par les ONG, de voir les bailleurs internationaux et les pays de la région prendre des engagements forts, en matière de financement et de coordination, pour combattre la faim et la sous-nutrition au Sahel. Cette initiative s'inscrivait dans un double contexte : d'une part, la nouvelle crise alimentaire qui frappait la zone depuis 2011 et qui nécessitait – et nécessite encore – des financements massifs à l'échelle régionale et, d'autre part, la crise politique malienne, qui avait fait prendre conscience aux différents acteurs que « l'afflux des populations réfugiées et déplacées au Mali et autour du Mali renfor[çait] la détérioration de la situation [3] ».

Malgré une bonne récolte et une meilleure production céréalière dans la plupart des zones du Sahel en 2012, les prix des denrées alimentaires restent élevés et les ménages très pauvres peinent à reconstituer leur capital et à se remettre des effets des crises combinées qui affectent la région, expliquait l'Office des Nations unies pour la coordination des affaires humanitaires (OCHA) : « Il est estimé qu'en 2013, plus de 10 millions de personnes seront touchées par l'insécurité alimentaire, dont 1,4 million d'enfants de moins de cinq ans atteints de malnutrition aiguë [4]. » Pour faire face à cette situation, les agences des Nations unies et leurs partenaires humanitaires ont lancé en décembre 2012 un appel pour plus de 1,6 milliard de dollars afin d'aider des millions de personnes touchées par la crise alimentaire et nutritionnelle à travers la région du Sahel. « Cet appel, qui a pour but de fournir une assistance vitale et d'aider les personnes affectées à reconstruire leur vie, détaille l'OCHA, permettra d'aider, en 2013, les populations du Burkina Faso, du Tchad, du Mali, de la Mauritanie, du Niger, du Sénégal, de la Gambie, du Cameroun et du Nigéria [5]. »

---

3 « Déclaration finale du Partenariat pour la résilience face aux crises alimentaires au Sahel. AGIR – Alliance Globale pour l'Initiative Résilience – Sahel », Bruxelles 18 juin 2012 (disponible sur <http://ec.europa.eu>).

4 OCHA, « 1,66 milliard de dollars nécessaire pour répondre aux besoins humanitaires au Sahel en 2013 », <www.unocha.org>, 31 janvier 2013.

5 *Ibid.*

De la sécheresse à la guerre : le Mali déstabilisé

Pays peuplé de près de quinze millions d'habitants, le Mali est affecté depuis 2012 par une triple crise : la crise alimentaire et nutritionnelle aiguë résultant de la sécheresse de 2011 ; la crise chronique liée à la pauvreté et marquée par l'érosion de la résilience des ménages face à des chocs de plus en plus fréquents ; et la crise provoquée par le conflit qui a éclaté en janvier 2012 dans le nord du pays. La combinaison de ces différents facteurs de vulnérabilité a créé une situation humanitaire sans précédent au Mali ayant affecté plus de quatre millions de personnes. Pour les responsables d'Action contre la faim (ACF), il existe une relation de cause à effet entre les crises alimentaires et les troubles politiques. « Ce n'est pas par hasard, explique par exemple Olivier Longué, directeur général d'ACF-Espagne, que les rébellions les plus sérieuses ont toujours suivi les grandes sécheresses. »

Survenue par surprise début 2012, la prise de contrôle par des groupes armés des trois régions du Nord-Mali (Gao, Kidal et Tombouctou) a engendré des mouvements internes de population en provenance des régions du nord vers toutes les régions du sud du pays, ainsi qu'un déplacement intra-régional au sein des trois régions du nord. Au cours de l'année 2012, près de 375 000 Maliens – dont une très grande majorité de Touaregs – ont fui le conflit qui sévissait au Nord-Mali. À cela s'ajoutent plus de 37 000 déplacés maliens depuis que le conflit s'est durci en janvier 2013 avec l'intervention des troupes françaises (la plupart s'étant installés parmi les communautés au sud du pays). Cela porte à plus de 400 000 le nombre total de personnes déplacées sur une période de douze mois [6]. Comme le résume l'OCHA, « le contexte humanitaire actuel au Mali est la combinaison des effets de l'instabilité dans le nord et de la

6 OCHA, « Humanitarian Snapshot », <www.unocha.org/mali>, 6 février 2013

crise alimentaire et nutritionnelle qui touche également d'autres pays sahéliens. Le conflit dans le nord a entraîné le déplacement à l'intérieur du pays de plus de 271 000 personnes, alors que plus de 176 000 personnes se sont réfugiées dans les pays voisins [7] ».

Alors qu'on pouvait s'attendre à un flux massif de réfugiés dans les pays voisins à la suite de l'intervention française début janvier, comme cela s'est parfois produit dans des contextes similaires, on constate jusqu'à présent que ces mouvements interfrontaliers ont été plus limités que prévu. Les réfugiés maliens sont principalement répartis entre le Burkina Faso, la Mauritanie, le Niger et l'Algérie. Le Programme alimentaire mondial (PAM) et ses ONG partenaires assurent une assistance alimentaire à plus de 47 000 réfugiés maliens au Burkina Faso, dont 5 000 sont arrivés depuis le début de l'année 2013, ainsi qu'à 50 000 réfugiés au Niger et environ 74 000 en Mauritanie [8]. Comme le soulignait Médecins sans frontières (MSF) en avril 2013 à propos du camp de Mbera en Mauritanie, situé dans une région aride à une trentaine de kilomètres du Mali, la situation est des plus précaire dans les camps de réfugiés et pourrait devenir explosive si rien n'est fait pour améliorer la situation sanitaire et permettre à terme le retour des réfugiés [9].

S'ajoutant à d'autres facteurs conjoncturels, la déstabilisation de l'ordre sociopolitique malien a créé en quelques mois une situation de crise complexe qui a eu pour conséquence de faire croître de manière exponentielle les besoins humanitaires dans l'ensemble du pays. Selon la commission Mouvement de populations, dont l'Office international des migrations (OIM) est le chef de file, les déplacements internes ont exercé une pression lourde et croissante sur les ressources

---

7 *Ibid.*

8 Programme alimentaire mondial, « Besoin urgent d'aide pour les déplacés maliens », <http://fr.wfp.org>, 18 mars 2013.

9 Médecins sans Frontières, « Échoués dans le désert », Rapport sur les réfugiés de Mbera, 12 avril 2013 (disponible sur <http://www.msf.fr>).

économiques des ménages qui les ont accueillies, tout comme sur les structures sanitaires et éducatives. En conséquence, les capacités de résilience des communautés et des familles hôtes ainsi que des systèmes institutionnels ont été mises à mal, rendant nécessaire une assistance rapide pour tenter d'endiguer une dégradation généralisée de la situation qui pourrait aboutir à d'autres tensions.

Outre les populations déplacées, le conflit a affecté près de deux millions de personnes dans le nord du Mali, limitant leur accès aux infrastructures et aux services sociaux de base. La réduction des conditions d'accès à l'eau potable et aux structures d'assainissement constitue un risque majeur de propagation d'épidémies, et représente un frein structurel à l'amélioration de l'état nutritionnel et sanitaire des populations. Alors que la situation s'est encore aggravée depuis, les acteurs de la nutrition estimaient en 2012 que deux millions de personnes encouraient un risque d'insécurité alimentaire au Mali et que 660 000 enfants de moins de cinq ans souffriraient l'année suivante de malnutrition aiguë au Mali, dont 210 000 de malnutrition aiguë sévère. « Sans un appui massif des partenaires, rappelait l'OCHA dès décembre 2012, les structures de santé existantes ne pourront pas assurer la prise en charge de ces enfants [10]. »

Pour faire face à cette crise protéiforme, l'enveloppe du programme onusien lancé le 29 janvier 2013 pour coordonner les organisations humanitaires actives au Mali (Consolidated Appeal Process, CAP) s'élève à 373 millions de dollars, ce qui doit permettre au gouvernement malien et ses partenaires humanitaires d'assister les 4,3 millions de personnes qui, au Mali, ont besoin d'assistance humanitaire – à commencer par les personnes en risque d'insécurité alimentaire, les enfants atteints de malnutrition sévère et les déplacés internes. Les Maliens réfugiés dans les pays voisins bénéficient, pour leur

10 OCHA, « Appel global pour le Mali », <www.unocha.org>, 13 décembre 2012.

part, de l'assistance de l'agence des Nations unies pour les réfugiés (UNHCR) et de diverses ONG internationales. Si les mouvements de retour des déplacés à l'intérieur du Mali ont commencé, il semble qu'il n'en soit pas de même pour les réfugiés maliens installés dans les pays voisins : « En raison des fondements ethniques et politiques de cette crise, il est peu probable de voir prochainement les réfugiés retourner au Mali », soulignait par exemple MSF dans son rapport sur le camp de Mbera [11].

Violations des droits humains

On ne saurait évoquer les problématiques humanitaires au Mali sans mentionner les violations des droits de l'homme, qui expliquent en partie l'exode de milliers de Maliens du nord. Il n'est pas aisé de mesurer précisément ces exactions dans la période qui va de la partition du pays au printemps 2012 et jusqu'à l'intervention française en janvier 2013. Citant divers cas de viols, d'arrestations arbitraires, d'exécutions extrajudiciaires et de bombardements aveugles, Amnesty International décrivait dès le mois de mai 2012 une situation alarmante et soulignait la responsabilité de toutes les parties en présence, qu'il s'agisse des groupes armés du nord, de l'armée malienne et des milices liées à cette dernière [12]. Mais il reste difficile de mettre des chiffres sur ces phénomènes. Combien d'amputations ont été commises ? Combien de viols sont connus et combien ne le seront jamais ? Le ministre malien de la Santé affirmait en novembre 2012 que le nombre de viols était considérable dans la partie nord d'après les témoignages

11 Médecins sans Frontières, « Échoués dans le désert », *op. cit.* Voir aussi les données récoltées par le HCR sur <http://data.unhcr.org>.

12 Amnesty International, « Mali : retour sur cinq mois de crise. Rébellion armée et putsch militaire », 15 mai 2012 (disponible sur : <http://www.amnesty.fr>).

qu'il recevait des déplacés arrivant sur Bamako [13]. De même, le professeur Ogobara Doumbo, directeur du Malaria Research Training Center (MRTC), constamment en relation avec le réseau des médecins de région au Mali, affirmait qu'on sous-estimait l'ampleur des amputations et des viols commis dans la partie nord [14]. On sait par ailleurs que des enfants-soldats ont été recrutés des deux côtés, au sein du MNLA comme dans certaines milices liées à l'armée nationale. D'après divers témoignages, on estime la rémunération moyenne proposée à ces enfants-soldats à quelque 300 euros par mois.

En riposte à l'attaque, début janvier 2013, de Konna, située dans la zone tampon au nord de Mopti, par des groupes djihadistes, le gouvernement malien a fait appel à la France afin de stopper cette avancée vers le sud du pays et la capitale. Déclenchée le 11 janvier 2013, l'intervention de l'armée française a permis de reprendre les trois grandes villes du nord et d'assaillir les troupes d'AQMI terrées dans la vallée de l'Ametettai, dans le massif des Ifoghas.

Les opérations militaires de « reconquête » s'accompagnent cependant de « bavures » et de règlements de comptes, notamment contre ceux qui ont pu être ou apparaître comme complices des groupes armés djihadistes ou indépendantistes. Mettant à nouveau en garde, début février 2013, les différents belligérants, Amnesty International épinglait également l'armée française. « Il est établi, expliquait notamment l'organisation, qu'au moins cinq civils, dont trois enfants, ont été tués dans un raid aérien dans le cadre d'une opération conjointe menée par les armées française et malienne [15]. » Human Rights Watch, pour sa part, indiquait dans un communiqué du 26 mars 2013 que des soldats maliens avaient torturé

---

13 Réunion en présence du ministre au Centre d'infectiologie Charles-Mérieux de Bamako (27 novembre 2012).

14 Entretien avec l'auteur, décembre 2012.

15 Amnesty International, « Mali : les civils menacés par toutes les parties au conflit », 1er février 2013 (disponible sur : <www.amnesty.fr>).

sept personnes soupçonnées d'être des partisans de groupes islamistes armés à Léré, près de Tombouctou [16].

Les nombreux cas de violations des droits de l'homme rapportés constituent une préoccupation et nécessitent des actions de plaidoyer coordonnées. Diverses organisations ont d'ailleurs réclamé des enquêtes sur ces exactions. De son côté, le MNLA a demandé le 5 mars 2013, par la voix de son avocat à Paris, au procureur de la Cour pénale internationale (CPI) d'enquêter sur les crimes commis par l'armée malienne « à l'encontre des membres des groupes ethniques peuls, touaregs, arabes, et songhaï dans les environs de Tombouctou, Douentza, Gao, Sévaré, Boni, et Konna [17] ». Le lendemain, le gouvernement de transition malien lançait une commission « dialogue et réconciliation » après décision en Conseil des ministres et sur financement du budget national. Composée de trente membres, cette commission a notamment pour mission, « par le dialogue, la réconciliation entre toutes les communautés » maliennes, d'« enregistrer les cas de violations des droits de l'homme commis dans le pays du début des hostilités jusqu'à la reconquête complète du pays [18] ».

Il faut dire que la tâche est immense et urgente, soulignait mi-mars le Haut Commissariat des Nations unies aux droits de l'homme à la suite d'une mission d'observation effectuée dans le pays. « Les Peuls, les Touaregs et des groupes ethniques arabes perçus comme soutenant les groupes armés » ont été particulièrement visés par les représailles, confirmait la Haut-commissaire adjointe, Kyung-wha Kang, et « la situation a été exacerbée par la propagation de messages incendiaires, y compris à travers les médias, stigmatisant les membres de ces

---

16 HUMAN RIGHTS WATCH, « Mali : des soldats ont torturé des détenus à Léré », <www.hrw.org>, 23 mars 2013.

17 « Mali : le MNLA demande à la CPI d'enquêter sur les "crimes de l'armée" », <www.lemonde.fr>, 5 mars 2013.

18 Hadama B. FOFANA, « Commission Dialogue et Réconciliation : les modalités de fonctionnement expliquées aux journalistes », <www.maliweb.net>, 8 mars 2013.

communautés, dont des milliers ont fui par peur de représailles de la part de l'armée malienne. [...] Ceux qui restent dans le pays ont peur d'être des cibles non pas pour ce qu'ils ont fait mais pour ce qu'ils sont [19] ».

Le temps des incertitudes

En matière d'intervention internationale, l'expérience accumulée depuis deux décennies par les acteurs gouvernementaux et non gouvernementaux milite en faveur d'une claire distinction entre l'action militaire et l'action humanitaire. À la différence de l'engagement des forces françaises en 2011 en Libye, l'alibi humanitaire n'a d'ailleurs pas été utilisé pour justifier l'opération Serval. Au contraire, le gouvernement français a assuré que son intervention était de nature politique. C'est bien la « lutte contre les terroristes » qui a été mise en avant et non, comme ce fut le cas trop souvent lors d'interventions militaires internationales, une justification par des besoins humanitaires.

Il n'en demeure pas moins que l'action humanitaire reste dépendante de la situation sécuritaire et politique qui prévaut dans la zone d'intervention. En la matière, la conjoncture malienne reste pleine d'incertitudes alors que Paris insiste sur le retrait rapide de ses troupes et que la résistance djihadiste continue de faire peser de lourdes menaces, notamment dans la région de Gao. Dès le début de l'intervention française en janvier, certains observateurs avaient pointé le risque d'enlisement de ce conflit, en le comparant au bourbier afghan. « Les partenaires européens de la France ne se précipitent pas pour lui prêter main-forte dans ses opérations de combat au Mali, relevait le quotidien *Le Monde*. Après dix années d'enlisement

---

19 Agence France Presse, « L'armée malienne dans le viseur de l'ONU pour des crimes à "motifs ethniques" », Jeune Afrique, 12 mars 2013 (<http://www.jeuneafrique.com>).

sur les contreforts des monts afghans, la "*war fatigue*" a gagné les esprits, et personne n'a envie de s'enfoncer durablement dans les sables du Sahel [...]. Les alliés de la France lui disent en substance : nous sommes derrière vous et c'est bien à l'arrière que nous comptons rester [20]. »

Bien que des forces africaines soient sur place, les efforts restent là aussi insuffisants, et les chefs d'État de la CEDEAO ne s'empressent pas de prendre le relais des Français. « De réunion en réunion, de déclaration d'intention aux promesses de tout genre, les chefs d'État de la CEDEAO ne font qu'ajourner l'intervention des troupes de leurs pays au Mali, souligne l'écrivain béninois Florent Couao-Zotti. Sans arrêt, ils continuent de conditionner leurs engagements aux décaissements des 900 millions d'euros nécessaires à l'opération. Que des Français se fassent, de temps à autre, canarder par les djihadistes fondus dans le massif des Ifoghas, que les Tchadiens soient, par dizaines, fauchés par les snipers fanatisés, les dirigeants africains jouent aux spectateurs compatissants, égrenant à l'occasion des larmes émues sur les cadavres des soldats qui s'amoncellent. Ils attendent, avant d'aller soutenir leur voisin agressé, que les Occidentaux leur allongent la monnaie [21]. »

Étant donné les tergiversations des armées ouest-africaines, après plus d'une année de sommets et de réunions internationales, l'ONU se prépare à envoyer une force composée de 11 200 hommes. En majorité africains, ces derniers seraient appuyés par une force dite « parallèle » pouvant combattre les terroristes. C'est dire que, malgré les impressionnants effectifs annoncés, l'efficacité des troupes onusiennes risque d'être limitée. La force « parallèle » sera très certainement composée d'éléments français ayant déjà combattu dans

---

20 Nathalie NOUGAYRÈDE, « L'ombre de l'Afghanistan sur le Mali », *Le Monde*, 25 janvier 2013

21 Florent COUAO-ZOTTI, « Mali : la CEDEAO entre hésitation, engagement et démission », *Jeune Afrique*, 29 mars 2013.

la région. La principale différence serait donc d'ordre financier : ces hommes, leurs matériels et leurs dépenses seront pris en charge par l'organisation des Nations unies dans le cadre d'une mission de stabilisation (MINUSMA).

Ce climat d'incertitude n'est pas sans conséquence sur l'action des organisations humanitaires qui tentent de porter assistance à de multiples catégories de populations : personnes affectées par les effets de la sécheresse de l'année 2011-2012, enfants touchés par la malnutrition, populations exposées aux risques d'épidémie et d'inondation, communautés fragilisées par le conflit dans le nord, déplacés, etc. Certes, l'accès des humanitaires aux régions centrales du pays s'est amélioré, mais il demeure très difficile au nord du pays du fait de l'insécurité qui y persiste et qui affecte fortement la population civile, ainsi que le commerce et le fonctionnement des services publics.

De plus, la prise de contrôle des principales villes du Nord-Mali par l'armée française et ses alliés africains laisse entrevoir un retour spontané des populations déplacées vivant dans les régions sud du Mali depuis le début du conflit en 2012. À la suite de l'avancée rapide des armées franco-africaines et la reprise des principales villes du Nord-Mali début 2013, des mouvements de retours vers le nord de populations déplacées sont en cours. S'ils sont estimés à seulement quelques milliers de personnes (moins de 20 000 à l'heure où ces lignes sont écrites), ces retours devraient prendre de l'ampleur [22]. Ces nouveaux déplacements de population appellent donc un suivi et une réponse adaptée en faveur des « retournés » et de ceux qui, localement, dans les régions sous contrôle, n'ont pas pu bénéficier durant plusieurs mois de conditions de vie adéquates [23].

---

22 Inter Press Service, « Les personnes déplacées sur le chemin du retour », <http://ipsinternational.org>, 12 avril 2013.

23 D'après une enquête réalisée début février 2013 auprès de 836 familles déplacées du Nord-Mali vivant dans les régions de Bamako et Koulikoro, 93 % des ménages déplacés ont l'intention de retourner sur leur région d'origine. Comme le souligne l'OIM, qui a réalisé cette enquête, le flux massif de retours attendu sur les prochains mois doit être pris en considération dans

Une des questions clés pour les organisations humanitaires aujourd'hui, et notamment pour celles qui travaillent sur les questions alimentaires, est celle de la nécessaire articulation entre l'action immédiate et l'action à plus long terme, afin de ne pas inhiber l'une au détriment de l'autre. Cela implique de dépasser les logiques habituelles de cloisonnement entre les approches d'urgence et celle de développement. ACF, en particulier, avait beaucoup insisté sur ce point au moment du lancement de l'initiative AGIR en 2012, de façon à ce que les mécanismes de financement prennent en compte les réalités de terrain et permettent ainsi de dépasser la dichotomie artificielle entre l'urgence et le développement. Puisque les crises climatique, économique et politique sont enchevêtrées, il s'agit moins, en d'autres termes, de favoriser une « transition » que d'assurer une « articulation » entre les mécanismes de financement proposés par les bailleurs de fonds et destinés à répondre aux différents défis auxquels les populations sont confrontées au Sahel.

Parmi les causes profondes de la crise malienne figurent la pauvreté, une gouvernance aléatoire, la marginalisation de certaines communautés avec un accès inégal aux services de base, dans un contexte structurel dépendant des aléas climatiques. Si la sécurité est une condition nécessaire pour permettre la diffusion d'une assistance humanitaire et la mise en œuvre de programmes de développement, c'est avant tout l'engagement de la classe politique malienne qui permettra de redresser durablement la gouvernance du pays et de faire revivre les projets économiques et sociaux.

Mais ce n'est pas seulement à l'échelle malienne qu'il faut raisonner. Il faut prendre en considération la région tout entière, impliquer les communautés locales, hommes et

---

les stratégies des organisations humanitaires (Organisation Internationale pour les Migrations, « Enquête sur les intentions de retour des déplacés internes », février 2013, p. 2, disponible sur <http://mali.humanitarianresponse.info>).

femmes, pour parvenir enfin à gérer et anticiper les crises. Pour Marc Francioli, président d'honneur de l'ONG SOS Sahel, cela nécessite de bâtir une approche offensive autour de trois axes complémentaires : les marchés, la transformation, la communication. « Contrairement aux idées reçues, explique-t-il, les pays sahéliens ont des capacités de production, notamment agricoles, supérieures à leurs stricts besoins mais l'organisation actuelle des marchés et des rythmes de production frise l'indigence [24]. » Les pertes sont donc considérables. Il est primordial de permettre la rationalisation des productions en fonction des besoins locaux et des marchés potentiels, de mettre en place des filières commerciales structurées et répondant à des études de marché fiables et prospectives et d'installer des infrastructures de stockage, de conservation et de transformation. Il est indispensable enfin de structurer un réseau de communication – et donc de transport routier, ferroviaire, aérien – digne de ce nom.

Cela ne pourra se faire qu'avec une vraie volonté politique des États sahéliens et un fort engagement financier de la « communauté internationale » qui doit s'inscrire dans la durée. Plutôt que d'être un facteur aggravant, l'intervention de la communauté internationale au Mali et la mobilisation politique qui devrait en découler pourraient alors être l'occasion de renforcer les capacités de l'ensemble des acteurs pour que la région sahélienne puisse enfin bénéficier d'un élan de développement qui, jusqu'ici, a toujours fait défaut.

24 Entretien avec l'auteur.

Chronologie de la guerre au Mali, 2012-2013

2012

17 janvier — Le Mouvement national pour la libération de l'Azawad (MNLA), allié au groupe Ansar Eddine d'Iyad Ag Ghali, attaque le camp militaire de Ménaka, non loin de la frontière nigérienne. Cet assaut marque la reprise de la rébellion touarègue, facilitée par le retour de Libye d'anciens militants armés. L'offensive rebelle se poursuit dans les jours et les semaines qui suivent, vers Tessalit, Aguelhok, Léré, etc. L'armée malienne lance une contre-offensive. Des milliers de personnes fuient la zone.

24 janvier — Des membres d'Al-Qaida au Maghreb islamique (AQMI) et des rebelles du MNLA attaquent la ville d'Aguelhok. À cette occasion, une centaine de militaires maliens auraient été massacrés, égorgés ou tués d'une balle dans la tête.

2 février — Manifestation de femmes de soldats dans la ville de garnison de Kati, dans la banlieue de Bamako. La situation se tend au Mali en raison des troubles au nord et du contexte politique incertain à l'approche de l'élection présidentielle prévue pour le 29 avril.

3 mars — Un attentat kamikaze contre le siège de la Gendarmerie nationale algérienne à Tamanrasset fait vingt-trois blessés ; il sera revendiqué par le Mouvement

	pour l'unicité et le djihad en Afrique de l'Ouest (MUJAO).
22 mars	Coup d'État contre le président malien Amadou Toumani Touré (« ATT »). À Bamako, une mutinerie de « bérets verts » dégénère en coup d'État. Dirigé par le capitaine Amadou Haya Sanogo, un Comité national pour le redressement de la démocratie et la restauration de l'État (CNRDRE) prend le pouvoir et suspend la Constitution. La junte ne parvient pas à contenir la rébellion au nord.
27 mars	Des manifestants pro-junte empêchent, sur le tarmac de l'aéroport de Bamako, la venue des chefs d'État ouest-africains venus tenter de rétablir le président Amadou Toumani Touré dans ses fonctions. Le sommet extraordinaire de la Communauté économique des États de l'Afrique de l'Ouest (CEDEAO) se tient donc à Abidjan, autour des présidents ivoirien Alassane Ouattara et burkinabé Blaise Compaoré, respectivement président en exercice de la CEDEAO et médiateur de l'organisation dans la crise malienne.
30 mars au 1er avril	Les groupes rebelles du Nord-Mali s'emparent successivement de Kidal, Gao et Tombouctou. L'alliance entre les djihadistes (Ansar Eddine et AQMI) et le MNLA se fracture : ce dernier est chassé de Tombouctou le 2 avril.
5 avril	Enlèvement du consul d'Algérie à Gao et de six de ses collaborateurs, revendiqué trois jours plus tard par le MUJAO.
6 avril	Le MLNA proclame l'indépendance de l'« Azawad ».
7 avril	Signature d'un accord-cadre entre la CEDEAO et le CNRDRE prévoyant le transfert du pouvoir aux civils et la désignation d'un président et d'un gouvernement de transition. Cette transition est prévue pour durer quarante jours.
12 avril	Dioncounda Traoré, ancien président de l'Assemblée nationale malienne, est investi président de la transition. Le 17 avril, Cheick Modibo Diarra est nommé Premier ministre de transition.

15 avril	Béatrice Stockly, citoyenne suisse, est enlevée à Tombouctou (Mali). Elle sera libérée neuf jours plus tard par le groupe Ansar Eddine.
30 avril	À Bamako, les putschistes affirment avoir déjoué une offensive des « bérets rouges », restés fidèles à ATT, accusés de vouloir mener un « contre-coup d'État ».
5 mai	À Tombouctou, destruction par les djihadistes d'AQMI et d'Ansar Eddine d'un mausolée inscrit au patrimoine mondial de l'Unesco. D'autres actions similaires auront lieu le 30 juin.
20 mai	Alors que la transition devait durer quarante jours, Dioncounda Traoré est reconduit à la tête de l'État pour un an, suite à des tractations entre la CEDEAO et le CNRDRE. Le lendemain, Traoré est agressé par des manifestants favorables à la junte. Blessé, il se fait soigner en France.
27 juin	Les islamistes du MUJAO prennent le contrôle de Gao après des combats sanglants avec le MNLA.
5 juillet	Le Conseil de sécurité des Nations unies adopte la résolution 2056, présentée par la France, qui apporte son soutien aux efforts de la CEDEAO et de l'Union africaine pour résoudre la crise malienne.
26-28 juillet	Après avoir été reçu à Alger le 15 juillet, le ministre français des Affaires étrangères Laurent Fabius se rend au Niger, au Burkina Faso et au Tchad.
30 juillet	Instauration d'une version radicale de la charia dans diverses localités du Nord-Mali.
4 août	Le ministre français de la Défense Jean-Yves Le Drian déclare qu'une intervention militaire africaine est « souhaitable et inéluctable ». « La France la soutiendra, ajoute-t-il, et je l'espère, l'Union européenne aussi. »
20 août	Dioncounda Traoré, revenu à Bamako un mois plus tôt après une convalescence de deux mois à Paris, remanie son gouvernement. Ce dernier marque le retour des partis politiques traditionnels.
21 septembre	Alors que d'intenses tractations diplomatiques sont en cours, notamment entre la France et ses alliés africains,

pour organiser une intervention militaire au Nord-Mali, le Conseil de sécurité de l'ONU se dit prêt à « examiner une proposition réaliste pour le déploiement d'une force panafricaine ». Le 27 septembre, le secrétaire général de l'ONU, Ban Ki-Moon, avertit toutefois : « Toute solution militaire pour résoudre la crise sécuritaire dans le nord du Mali devrait être envisagée avec une extrême prudence. Elle pourrait avoir de graves conséquences humanitaires. »

2 novembre — Des représentants d'Ansar Eddine sont reçus par Blaise Compaoré, médiateur de la CEDEAO dans la crise malienne. Ansar Eddine, qui reste pourtant associé à AQMI et au MUJAO sur le terrain, proclame le 6 novembre son rejet du terrorisme et se dit prêt au dialogue avec Bamako.

20 novembre — Le MUJAO revendique l'enlèvement d'un Français d'origine portugaise, Gilberto Rodrigues Leal, à Diéma, dans le sud-ouest du Mali.

5 décembre — Alassane Ouattara, président en exercice de la CEDEAO, plaide pour une résolution urgente du Conseil de sécurité de l'ONU pour le déploiement d'une force régionale dès le premier trimestre 2013. Le même jour, le dirigeant d'AQMI, l'Algérien Abdelmalek Droukdel, menace la France et les États africains dans une vidéo : « Si vous voulez la guerre, le Sahara sera un grand cimetière pour vos soldats. »

11 décembre — Le Premier ministre Cheick Modibo Diarra, favorable à une intervention armée dans le nord du Mali, annonce sa « démission » après son arrestation la veille par des militaires appartenant à l'ex-junte. Il est remplacé le lendemain par le médiateur de la République Diango Cissoko. Un nouveau gouvernement d'Union nationale est nommé.

20 décembre — Le Conseil de sécurité vote à l'unanimité la résolution 2085, autorisant l'envoi d'une force militaire de la CEDEAO pour reprendre le nord du Mali. La résolution ne fixe pas de calendrier précis pour le déclenchement de l'offensive.

21 décembre Adoption à Alger, sous l'égide du gouvernement algérien, d'un « partenariat de principe » entre le MNLA et Ansar Eddine, par lequel les deux organisations s'engagent pour la « lutte contre le terrorisme et le crime organisé » et l'ouverture d'un « dialogue avec le gouvernement de Bamako ».

2013

9 janvier Alors que les groupes djihadistes avancent vers le Sud du Mali, Dioncounda Traoré demande le soutien de la France.

10 janvier Les groupes djihadistes prennent la ville de Konna. Des militaires français sont dépêchés à Sévaré, située entre Konna et Bamako, pour protéger l'aéroport de la ville et bloquer l'avancée des groupes armés. À Bamako, des milliers de manifestants proches de la Coordination nationale des organisations patriotiques du Mali (Copam) et de la gauche radicale exigent dans la rue le départ immédiat du « président intérimaire » Dioncounda Traoré.

11 janvier La France lance l'opération Serval. François Hollande indique que cette intervention durera le « temps nécessaire » mais que la France opérera « dans le strict cadre des résolutions des Nations unies ». La CEDEAO autorise l'envoi immédiat de troupes dans le cadre de la Mission internationale de soutien au Mali (MISMA). Le 13 janvier, l'Algérie autorise le survol de son territoire aux avions français.

14 janvier Les djihadistes évacuent Douentza, Gao et Tombouctou après les bombardements des forces françaises, mais prennent la localité de Diabali, à 400 km au nord de Bamako.

15 janvier L'opération Serval entre dans sa phase terrestre. Les blindés français quittent Bamako pour Diabali, bombardée dans la nuit par l'aviation française. Quelque 4 000 soldats français sont engagés dans l'opération Serval.

16 janvier	Prise d'otages massive sur le site gazier de Tiguentourine, à proximité d'In-Amenas, dans Sahara algérien : plusieurs centaines de personnes travaillant sur le site, dont une majorité d'Algériens et une quarantaine d'étrangers, sont séquestrées. Affirmant venir du nord du Mali, les preneurs d'otage se réclament d'un groupe lié à Al-Qaida, les « Signataires du sang », dirigé par Mokhtar Belmokhtar (l'un des dirigeants d'AQMI).
17-19 janvier	L'armée algérienne lance plusieurs assauts à Tiguentourine. Selon le Premier ministre algérien Abdelmalek Sellal, trente-huit otages (trente-sept étrangers et un Algérien) et vingt-neuf assaillants ont été tués au cours de l'opération.
18 janvier	Grâce à l'intervention française, l'armée malienne reprend la ville de Konna. À Bamako, les premiers soldats ouest-africains arrivent dans le cadre de la MISMA. Des soldats tchadiens (hors MISMA) arrivent également au Mali. Le 19 janvier, un sommet extraordinaire de la CEDEAO appelle les Nations unies à fournir un appui logistique et financier immédiat pour le déploiement effectif des troupes de la MISMA.
21 janvier	Alors que l'armée française poursuit son déploiement au Nord-Mali, les villes de Diabali et de Douentza sont reprises aux djihadistes.
23 janvier	Le Haut Conseil islamique du Mali accorde, par la voix de son président Mahmoud Dicko, son soutien à l'opération Serval. Il se désolidarise ainsi des mouvements qui occupent le Nord-Mali au nom de l'islam.
23 janvier	La Fédération internationale des ligues des droits de l'homme (FIDH) accuse des soldats maliens d'exactions à l'encontre des communautés arabe et touarègue. Le même jour, on apprend que les forces spéciales françaises vont renforcer la sécurité des mines d'uranium d'Areva au Niger.
25-30 janvier	Les forces françaises et maliennes reprennent les principales villes du Nord-Mali : Gao, Tombouctou, Kidal. Les principaux responsables des groupes islamistes se réfugient dans le massif des Ifoghas, au nord de Kidal.

1er février	Amnesty International met en cause l'aviation française : les bombardements effectués dans la ville de Konna, dans la nuit du jeudi au vendredi 11 janvier, auraient tué au moins cinq civils.
2 février	Visite du président français François Hollande au Mali.
7 février	Alors que les accrochages se multiplient entre l'armée française et les djihadistes, le MUJAO revendique un attentat suicide à Gao. Plusieurs attentats seront perpétrés par la suite dans diverses villes du Nord-Mali (Gao, Kidal, Tombouctou).
Mi-février	Les combats font rage dans le massif des Ifoghas, près de la frontière avec l'Algérie, entre les combattants djihadistes et les soldats français et tchadiens. Le ministre français de la Défense, Jean-Yves Le Drian, se rend dans la zone le 8 mars.
1er mars	Le président tchadien Idriss Déby annonce la mort de deux chefs d'AQMI, Abdelhamid Abou Zeïd et Mokhtar Belmokhtar. Le 23 mars, la France confirme la mort du premier. Le sort du second reste incertain.
12 mars	Le Haut-Commissariat des Nations unies aux droits de l'homme accuse des soldats maliens d'avoir perpétré des exactions depuis l'intervention militaire française dans le nord du Mali. L'ONU demande au gouvernement malien de mener une enquête et de juger les responsables.
26 mars	L'ONU annonce le déploiement au Mali d'une mission de maintien de la paix (MINUSMA), forte de 11 200 hommes et accompagnée d'une « force parallèle » pour combattre les djihadistes.
Fin mars-début avril	Après le « nettoyage » du massif des Ifoghas, l'armée française poursuit sa traque des djihadistes : à Tombouctou, contre des « terroristes infiltrés » ; dans le massif du Tigharghar, fief d'AQMI, au sud de Tessalit ; au nord de Gao, contre le MUJAO (opération Gustav). Parallèlement, des efforts sont déployés pour former au plus vite les armées africaines destinées à « prendre le relais » des forces françaises.

22 avril Le Parlement français autorise le prolongement de l'opération Serval que le gouvernement présente comme un « succès » (de source militaire quelque six cents djihadistes d'AQMI, d'Ansar Eddine et du MUJAO ont été tués en quatre mois d'opération). Alors que quatre cents soldats français ont déjà été rapatriés, le gouvernement français prévoit d'en désengager 1 600 supplémentaires avant juillet pour ne laisser sur place que 2 000 hommes, dans le cadre notamment de la « force parallèle » antiterroriste évoquée par l'ONU. Les 6 300 soldats africains de la MISMA sont en passe d'être intégrés dans la MINUSMA. Et l'opération s'installe dans la durée : l'Élysée prévient que la MINUSMA restera au Mali « pour plusieurs années ».

25 avril Le Conseil de sécurité de l'ONU adopte la résolution 2100, poussée par la France et autorisant le déploiement à compter du 1er juillet 2013 de la MINUSMA. Cette dernière, composée de 11 200 soldats et 1 440 policiers, sera envoyée « pour une période initiale de douze mois ».

Table

CPI
BUSSIÈRE

Composition Facompo, Lisieux.
Impression réalisée par CPI Bussière
à Saint-Amand-Montrond (Cher)
en mai 2013.
Dépôt légal : juin 2013.
N° d'impression : 2003059.
Imprimé en France